専門家のための「小規模宅地等の特例」の概要と実例回答セレクト

税理士 梶山清児
税理士 鈴木喜雄 共著

週刊「税務通信」「経営財務」発行所
税務研究会出版局

はしがき

小規模宅地等の相続税の課税価格の特例の適用は、被相続人が事業又は居住の用に供されていた宅地等につきまして、最小限必要な部分は相続人の生活基盤維持のため欠くことのできないものであり、その処分に相当の制約を受けることが考えられるため、昭和50年の個別通達により評価上の斟酌をすることにより導入されたものです。

その後、昭和58年の税制改正により、法制化され租税特別措置法に創設されました。また、その後も税制改正を重ね、平成22年、平成25年、平成30年には、大きな改正が行われております。

その内容は、年々、複雑化し、特例の適用の判断につきましては専門家でも難しい例が多く、また、適用の有無により税額が大きく変わることから資産税関係の質問の中でも非常に多いものとなっております。

そして、平成27年１月からの相続税の基礎控除の引下げにより、相続税の課税対象者が大幅に増加し、相続税に関する世の中の関心が高まっており、小規模宅地等の特例につきましても非常に重要な特例となっております。

そこで、小規模宅地等の特例の内容につきまして、専門家のために理解を深めていただくとともに、最近の税の専門家から寄せられた質問の中から普遍性があるものや今までの質疑応答になかった事例を選択して編集しております。

また、巻末には、法律、政令、施行規則につきまして、一覧表にしておりますので、参考にしていただければと思います。

本書が税の専門家である皆様の一助になれば幸いです。本書の内容につきましては、読者の方々の忌憚のないご意見、ご叱責をいただければと思います。

終わりに当たり、本書の出版についてご尽力をいただいた税務研究会の皆様に対して心からの謝意を表します。

令和５年３月

税理士　梶山　清児
税理士　鈴木　喜雄

目　　次

第１章　小規模宅地等についての相続税の課税価格の計算の特例

1　特例の制度の概要

個人が相続又は遺贈により取得した財産のうちに、その相続の開始の直前において、その相続若しくは遺贈に係る被相続人又はその被相続人と生計を一にしていたその被相続人の親族（以下「被相続人等」といいます。）の事業（準事業（注１）を含みます。）の用又は居住の用（注２））に供されていた宅地等（土地又は土地の上に存する権利をいいます。）で建物又は構築物の敷地の用に供されているもの（以下「特例対象宅地等（注３）」といいます。）がある場合には、その相続又は遺贈により財産を取得した者に係る全ての特例対象宅地等のうち、その個人が取得をした特例対象宅地等又はその一部で本特例の適用を受けることを選択したもの（以下「選択特例対象宅地等」といいます。）については、限度面積要件を満たす場合のその選択特例対象宅地等（以下「小規模宅地等」といいます。）に限り、相続税の課税価格に算入すべき価額は、通常の方法によって評価した価額に、次に掲げる小規模宅地等の区分に応じ、それぞれに定める割合を乗じて計算した金額とされています（措法69の４①）。

①　特定事業用宅地等である小規模宅地等、特定居住用宅地等である小規模宅地等及び特定同族会社事業用宅地等である小規模宅地等……20％

②　貸付事業用宅地等である小規模宅地等……50％

（注１）「準事業」とは、事業と称するに至らない不動産の貸付けその他これに類する行為で相当の対価を得て継続的に行うものをいいます（措令40の

2①)。

（注2）居住の用に供することができない一定の事由により相続の開始の直前においてその被相続人の居住の用に供されていなかった場合におけるその居住の用に供されなくなる直前の被相続人の居住の用を含みます（措令40の2②)。

（注3）上記の「特例対象宅地等」とは、具体的には、次の①から⑥までの宅地等をいうこととされています（措法69の4①、③)。

<table>
<tr><th colspan="3">相続開始直前における宅地等の利用状況</th><th colspan="2">特例対象宅地等</th><th>限度面積</th><th>減額割合</th></tr>
<tr><td rowspan="5">被相続人等の事業の用に供されていた宅地等</td><td colspan="2">貸付事業以外の事業用の宅地等</td><td>①</td><td>特定事業用宅地等に該当する宅地等</td><td>400 m^2</td><td>80%</td></tr>
<tr><td rowspan="4">貸付事業用の宅地等</td><td rowspan="2">一定の法人の事業用の宅地等</td><td>②</td><td>特定同族会社事業用宅地に該当する宅地等</td><td>400 m^2</td><td>80%</td></tr>
<tr><td>③</td><td>貸付事業用宅地等に該当する宅地等</td><td>200 m^2</td><td>50%</td></tr>
<tr><td>一定の法人の貸付事業用の宅地等</td><td>④</td><td>貸付事業用宅地等に該当する宅地等</td><td>200 m^2</td><td>50%</td></tr>
<tr><td>被相続人等の貸付事業用の宅地等</td><td>⑤</td><td>貸付事業用宅地等に該当する宅地等</td><td>200 m^2</td><td>50%</td></tr>
<tr><td colspan="3">被相続人等の居住の用に供されていた宅地等</td><td>⑥</td><td>特定居住用宅地等に該当する宅地等</td><td>330 m^2</td><td>80%</td></tr>
</table>

（注）特例を適用する宅地等が配偶者居住権の目的となっている建物の敷地の用に供される宅地等又はその宅地等を配偶者居住権に基づき使用する権利の全部又は一部である場合には、その宅地等の面積に、それぞれその敷地の用に供される宅地等の価額又はその権利の価額がこれらの価額の合計額のうちに占める割合を乗じて得た面積を特例を適用する宅地等の面積とみなして、限度面積を計算します（措令40の2⑥)。

○　特例の対象となる宅地等（▭部分が特例の対象となります。）

相続又は遺贈により取得した財産のうちに、当該相続の開始の直前において、被相続人等の事業の用又は居住の用に供されていた宅地等で建物又は構築物の敷地の用に供されているもののうち特定事業用宅地等、特定居住用宅地等、特定同族会社事業用宅地等及び貸付事業用宅地等（「特例対象宅地等」）が特例の対象となります（措法69の４①）。

これらの宅地等のうちに当該被相続人等の事業の用及び居住の用以外の用に供されていた部分があるときは、当該被相続人等の事業の用又は居住の用に供されていた部分に限ります（措令40の２④）。

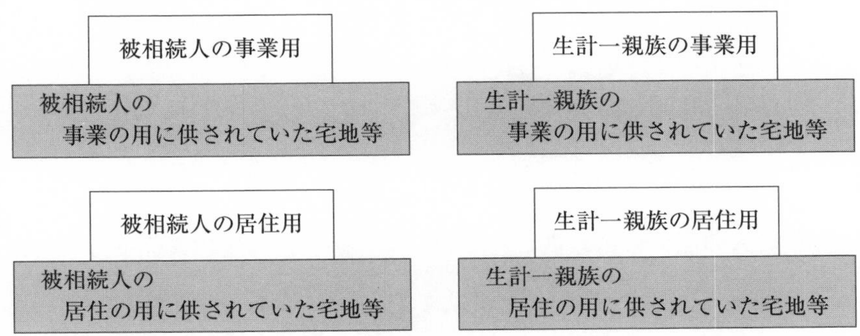

○　被相続人等の事業の用又は居住の用以外の用に供されていた部分がある場合

被相続人等
居住用

生計別親族
居住用

被相続人等
事業用

被相続人等の
居住の用に供されていた宅地等

被相続人等の事業の用又は
居住の用以外の用に供され
ていた宅地等

被相続人等の
事業の用に供されていた宅地等

○　建物が１/２共有である場合（土地・建物使用貸借）

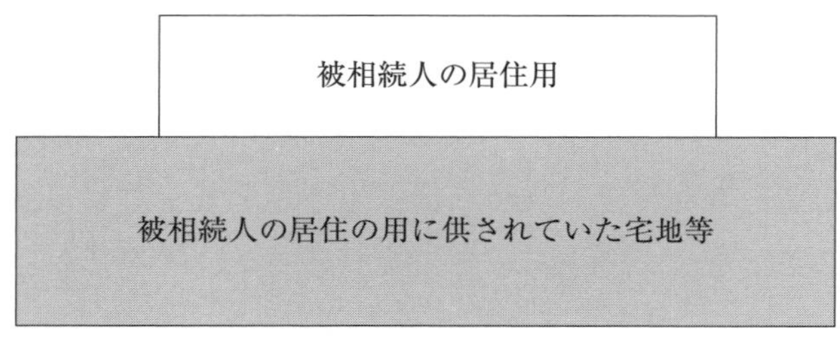

○　土地・建物が１/２共有である場合（土地・建物使用貸借）

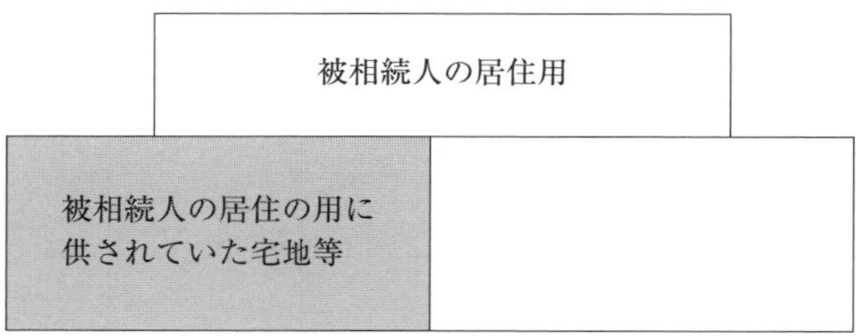

<被相続人の居住の用に供されていた部分が一棟の建物に係るものである場合>

構造上内部で行き来が可能な二世帯住宅（構造上区分されていない二世帯住宅）については、全体を一つの住居と捉え、建物の敷地全体について特定居住用宅地等に該当するものとして特例の適用が可能とされ、構造上区分された二世帯住宅の場合は、それぞれの区分ごとに独立した住居と捉え、被相続人が居住していた部分は他の要件を満たせば特定居住用宅地等に該当するものの、それ以外の部分はこの特例の適用を認めない取扱いとなっていました。平成25年税制改正により、一棟の二世帯住宅で構造上区分のあるものについて、被相続人及びその親族が各独立部分に居住していた場合には、内部で行き来ができるか否かにかかわらず、区分所有建物である旨の登記がされていない建物の場合には、被相続人及びその親族が居住していた部分に対応する部分が特例の対象とさ

れました（措令40の２④）。

○　被相続人の居住の用に供されていた建物が一棟の建物である場合（二世帯住宅：区分所有なし）

被相続人の親族の居住用
被相続人の居住用
被相続人の居住の用に供されていた宅地等（被相続人の親族の居住用部分を含みます。）

○　被相続人の居住の用に供されていた建物が一棟の建物である場合（二世帯住宅：区分所有）

被相続人の親族の居住用	
被相続人の居住用	
被相続人の居住の用に供されていた部分の宅地等	被相続人の親族の居住の用に供されていた部分の宅地等

（措令40の２④）
……当該被相続人等の同項に規定する事業の用又は居住の用に供されていた宅地等のうち……これらの宅地等のうちに当該被相続人等の事業の用及び居住の用以外の用に供されていた部分があるときは、当該被相続人等の事業の用又は居住の用に供されていた部分

（当該居住の用に供されていた部分が被相続人の居住の用に供されていた一棟の建物（建物の区分所有等に関する法律第一条の規定に該当する建物を除く。）に係るものである場合には、当該一棟の建物の敷地の用に供されていた宅地等のうち当該被相続人の親族の居住の用に供されていた部分を含む。）に限るものとする。

○　相続開始の直前において被相続人の居住の用に供されていなかった場合

(A)　養護老人ホームへの入所など被相続人の居住の用に供されていなかった場合

「被相続人の居住の用」には、被相続人の居住の用に供されていた宅地等が、養護老人ホームへの入所など、次の①又は②の事由により被相続人が居住の用に供することができず、相続開始の直前において被相続人の居住の用に供されていなかった場合（事業の用又は被相続人等（被相続人と入所の直前において生計を一にし、かつ、その建物に引き続き居住している被相続人の親族を含む。）以外の者の居住の用に供された場合を除きます。）にその事由により居住の用に供されなくなる直前の被相続人の居住の用に供されていた宅地等も特例の対象とされます（措法69の４①、措令40の２②、③）。

①　介護保険法第19条第１項に規定する要介護認定又は同条第２項に規定する要支援認定を受けていた被相続人又は介護保険法施行規則第140条の62の４第２号に該当していた被相続人が次に掲げる住居又は施設に入居又は入所をしていたこと。

イ　老人福祉法第５条の２第６項に規定する認知症対応型老人共同生活援助事業が行われる住居、同法第20条の４に規定する養護老人ホーム、同法第20条の５に規定する特別養護老人ホーム、同法第20条の６に規定する軽費老人ホーム又は同法第29条第１項に規

定する有料老人ホーム

ロ　介護保険法第８条第28項に規定する介護老人保健施設又は同条第29項に規定する介護医療院

ハ　高齢者の居住の安定確保に関する法律第５条第１項に規定するサービス付き高齢者向け住宅（イの有料老人ホームを除きます。）

②　障害者の日常生活及び社会生活を総合的に支援するための法律第21条第１項に規定する障害支援区分の認定を受けていた被相続人が同法第５条第11項に規定する障害者支援施設（同条第10項に規定する施設入所支援が行われるものに限ります。）又は同条第17項に規定する共同生活援助を行う住居に入所又は入居をしていたこと。

（措法69の４①）

……居住の用（居住の用に供することができない事由として政令で定める事由により相続の開始の直前において当該被相続人の居住の用に供されていなかった場合（政令で定める用途に供されている場合を除く。）における当該事由により居住の用に供されなくなる直前の当該被相続人の居住の用を含む。同項第二号において同じ。）に供されていた宅地等……

（措令40の２②）

居住の用に供することができない事由として政令で定める事由は、次に掲げる事由とする。

一　介護保険法第十九条第一項に規定する要介護認定又は同条第二項に規定する要支援認定を受けていた被相続人その他これに類する被相続人として財務省令で定めるものが次に掲げる住居又は施設に入居又は入所をしていたこと。

イ　老人福祉法第五条の二第六項に規定する認知症対応型老人

共同生活援助事業が行われる住居、同法第二十条の四に規定する養護老人ホーム、同法第二十条の五に規定する特別養護老人ホーム、同法第二十条の六に規定する軽費老人ホーム又は同法第二十九条第一項に規定する有料老人ホーム

ロ　介護保険法第八条第二十八項に規定する介護老人保健施設又は同条第二十九項に規定する介護医療院

ハ　高齢者の居住の安定確保に関する法律第五条第一項に規定するサービス付き高齢者向け住宅（イに規定する有料老人ホームを除く。）

二　障害者の日常生活及び社会生活を総合的に支援するための法律第二十一条第一項に規定する障害支援区分の認定を受けていた被相続人が同法第五条第十一項に規定する障害者支援施設（同条第十項に規定する施設入所支援が行われるものに限る。）又は同条第十七項に規定する共同生活援助を行う住居に入所又は入居をしていたこと。

（措令40の２③）

政令で定める用途は、同項に規定する事業の用又は同項に規定する被相続人等（被相続人と前項各号の入居又は入所の直前において生計を一にし、かつ、同条第一項の建物に引き続き居住している当該被相続人の親族を含む。）以外の者の居住の用とする。

⒝　被相続人の入院により居住の用に供されていなかった場合

被相続人が病院に入院したことにより、それまで被相続人が居住していた家屋が相続開始の直前には居住の用に供されていなかった場合であっても、入院により被相続人の生活の拠点は移転していないと考えられることから、従前からその建物の敷地の用に供されている宅地等は被相

続人の居住の用に供されていた宅地等に該当するものとして、この特例の適用対象とされています。

また、介護療養型医療施設及び療養介護を受ける施設に入っていた場合にも、病院と同様、この特例の適用対象とされています。

⑴　特定事業用宅地等

被相続人等の事業（不動産貸付業、駐車場業、自転車駐車場業及び準事業を除きます。）の用に供されていた宅地等（その相続開始前３年以内に新たに事業の用に供された宅地等を除きます。）で、次のイ又はロに掲げる要件のいずれかを満たす被相続人の親族が相続又は遺贈により取得したもの（その親族が相続又は遺贈により取得した持分の割合に応ずる部分に限ります。）をいいます（措法69の４③一）。

イ　その親族が、相続開始時から申告期限までの間にその宅地等の上で営まれていた被相続人の事業を引き継ぎ、申告期限まで引き続きその宅地等を所有し、かつ、その事業を営んでいること

ロ　その親族が被相続人と生計を一にしていた者であって、相続開始時から申告期限まで引き続きその宅地等を所有し、かつ、相続開始前から申告期限まで引き続きその宅地等を自己の事業の用に供していること

相続開始前３年以内に新たに事業の用に供された宅地等であっても、一定規模以上の事業を行っていた被相続人等の事業の用に供された宅地等は３年以内事業用宅地等には該当しません。

この一定規模以上の事業とは、３年以内に新たに事業の用に供された宅地等の上で事業の用に供されていた建物（付属設備を含みます。）又は構築物、業務の用に供されていた減価償却資産の価額が、その宅地等の価額の15％以上である事業をいいます（措法69の４③一、措令40の２⑧）。

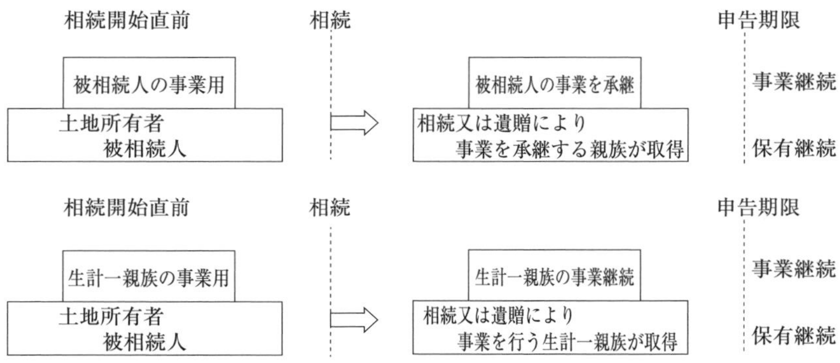

区分	特例の適用要件	
被相続人の事業の用に供されていた宅地等	事業承継・継続要件	その宅地等の取得者がその宅地等の上で営まれていた被相続人の事業を申告期限までに引継ぎ、かつ、申告期限までその事業を営んでいること
	保有継続要件	その宅地等を相続税の申告期限まで保有していること
被相続人と生計を一にする親族の事業の用に供されていた宅地等	事業継続要件	相続開始の直前から相続税の申告期限（その者が申告期限前に死亡した場合はその死亡の日。）まで、その宅地等の上で自己の事業を営んでいること
	保有継続要件	その宅地等を相続税の申告期限まで保有していること

○　被相続人の所有する建物がある場合

事業を行っている者	建物の貸借	土地等取得者	事業に関する要件	宅地	特例の内容	減額割合
被相続人	－	親族	被相続人の事業承継・継続	保有継続	特定事業用宅地等	80%
生計一親族	無償	事業を行っている生計一親族	自己の事業継続	保有継続	特定事業用宅地等	80%
生計別親族	無償	事業を行っている生計別親族	－	保有継続	特例非該当	０%
生計一親族	相当な対価を得て継続的	親族	建物の貸付継続	保有継続	貸付事業用宅地等	50%
生計別親族	相当な対価を得て継続的	親族	建物の貸付継続	保有継続	貸付事業用宅地等	50%

○　被相続人と生計を一にする親族の所有する建物がある場合（土地は使用貸借）

事業を行っている者	建物の貸借	土地等取得者	事業に関する要件	宅地	特例の内容	減額割合
被相続人	無償	親族	被相続人の事業承継・継続	保有継続	特定事業用宅地等	80%
生計一親族	－	事業を行っている生計一親族	自己の事業継続	保有継続	特定事業用宅地等	80%
生計別親族	無償	事業を行っている生計別親族	自己の事業継続	保有継続	特例非該当	０%
被相続人	相当な対価を得て継続的	親族	建物の貸付継続	保有継続	貸付事業用宅地等	50%
生計別親族	相当な対価を得て継続的	親族	建物の貸付継続	保有継続	貸付事業用宅地等	50%

○　被相続人と生計を別にする親族の所有する建物がある場合（土地は使用貸借）

事業を行っている者	建物の貸借	土地等取得者	事業に関する要件	宅地	特例の内容	減額割合
被相続人	無償	親族	被相続人の事業承継・継続	保有継続	特定事業用宅地等	80％
生計一親族	無償	事業を行っている生計一親族	自己の事業継続	保有継続	特定事業用宅地等	80％
生計別親族	－	事業を行っている生計別親族	－	－	特例非該当	０％

⑵　特定居住用宅地等

被相続人等の居住の用に供されていた宅地等（その宅地等が２以上ある場合には、１の宅地等に限ります。）で、その被相続人の配偶者又は次に掲げる要件のいずれかを満たすその被相続人の親族（配偶者を除きます。）が相続又は遺贈により取得したもの（配偶者が相続又は遺贈により取得した持分の割合に応ずる部分又は次に掲げる要件を満たす親族が相続又は遺贈により取得した持分の割合に応ずる部分に限ります。）をいいます（措法69の４③二、措令40の２⑪）。

イ　その親族が、相続開始の直前においてその宅地等の上に存する被相続人の居住の用に供されていた一棟の建物（被相続人、配偶者又は親族が居住していた部分に限ります。）に居住していた者であって、相続開始時から申告期限まで引き続きその宅地等を所有し、かつ、その家屋に居住していること（措法69の４③二イ）

ロ　その親族（被相続人の居住の用に供されていた宅地等を取得した者に限ります。）が次に掲げる要件の全てを満たすこと（被相続人の配偶者又は相続開始の直前において被相続人と同居していた民法第５編第２章の規定による相続人（相続の放棄があった場合には、

その放棄がなかったものとした場合における相続人）がいない場合に限ります。）（措法69の４③二ロ）

(イ)　相続開始前３年以内に国内にあるその親族、その親族の配偶者、その親族の３親等内の親族又はその親族と特別の関係がある者が有する株式の総数又は出資の総額がその株式又は出資に係る法人の発行済株式の総数又は出資の総額の10分の５を超える法人等が所有する家屋（相続開始の直前において被相続人の居住の用に供されていた家屋を除きます。）に居住したことがないこと

(ロ)　被相続人の相続開始時にその親族が居住している家屋を相続開始前のいずれの時においても所有していたことがないこと

(ハ)　相続開始時から申告期限まで引き続きその宅地等を有していること

ハ　その親族が、被相続人と生計を一にしていた者であって、相続開始の時から申告期限まで引き続きその宅地等を所有し、かつ、相続開始前から申告期限まで引き続きその宅地等を自己の居住の用に供していること（措法69の４③二ハ）

○　被相続人の居住の用に供されていた宅地等を配偶者が取得した場合

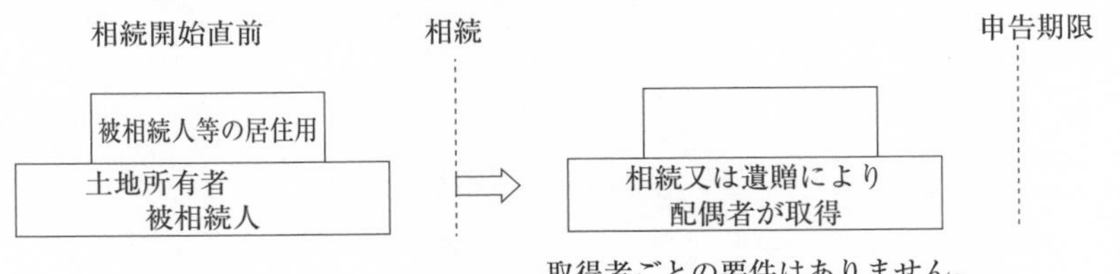

○　被相続人の居住の用に供されていた宅地等を同居親族が取得した場合

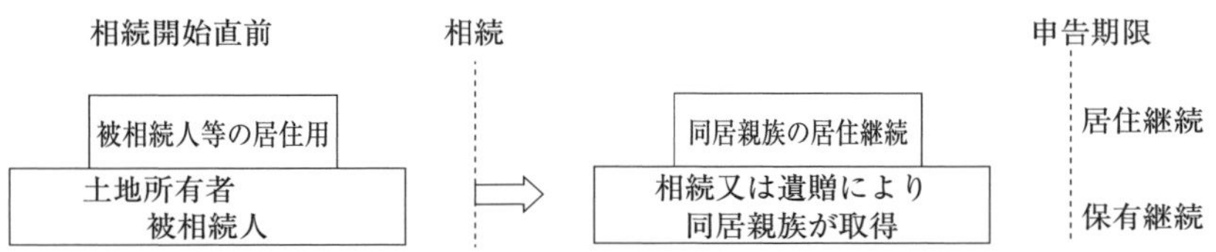

○　被相続人の居住の用に供されていた宅地等を自宅を有しない親族が取得した場合（その親族が他の要件を満たす場合）

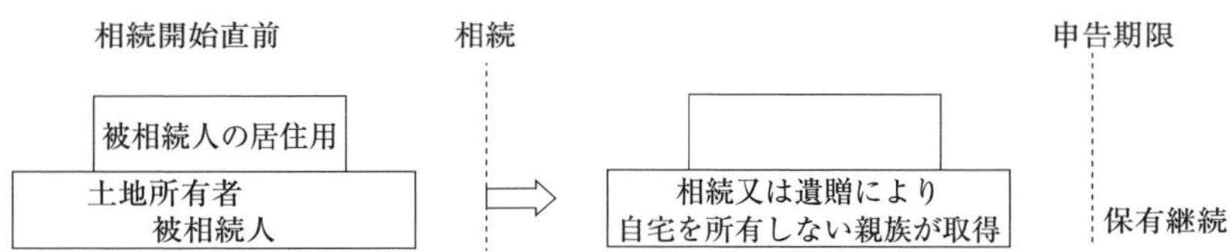

○　生計一親族の居住の用に供されていた宅地等を生計一親族が取得した場合

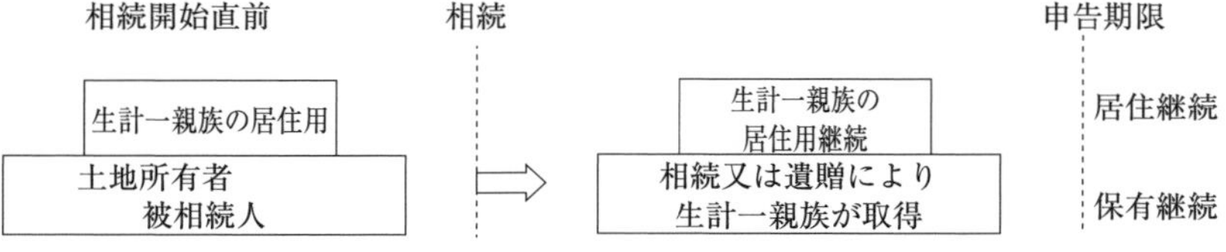

区分		特例の適用要件			
		取得者		取得者ごとの要件	
	被相続人の居住の用に供されていた宅地等	①	配偶者	取得者ごとの要件はありません	
	被相続人の居住の用に供されていた宅地等	②	被相続人と同居していた親族	居住継続要件	相続開始の直前から相続税の申告期限まで、引き続きその建物に居住していること
	被相続人の居住の用に供されていた宅地等	②	被相続人と同居していた親族	保有継続要件	その宅地等を相続税の申告期限まで、保有していること
	被相続人の居住の用に供されていた宅地等	③	①、②以外の親族	次の要件をすべて満たすこと イ　被相続人に配偶者がいないこと ロ　相続開始直前において被相続人と同居していた相続人がいないこと ハ　相続開始前３年以内に国内にある当該親族、配偶者等の所有する家屋に居住したことがないこと ニ　相続開始時に、取得者が居住している家屋を相続開始前のいずれの時においても所有していたことがないこと ホ　居住制限納税義務者又は非居住制限納税義務者のうち日本国籍を有しない者ではないこと ヘ　その宅地等を相続開始時から相続税の申告期限まで保有していること	
②	被相続人と生計を一にしていた被相続人の親族の居住の用に供されていた宅地等	イ	配偶者	取得者ごとの要件はありません	
②	被相続人と生計を一にしていた被相続人の親族の居住の用に供されていた宅地等	ロ	被相続人と生計を一にしていた被相続人の親族	居住継続要件	相続開始の直前から相続税の申告期限まで引き続きその建物に居住していること
②	被相続人と生計を一にしていた被相続人の親族の居住の用に供されていた宅地等	ロ	被相続人と生計を一にしていた被相続人の親族	保有継続要件	その宅地等を相続税の申告期限まで保有していること

イ　被相続人所有の建物がある場合

建物居住者	建物の貸借	土地等取得者	継続要件等		特例の内容	減額割合
			居住	保有		
被相続人	－	配偶者	なし		特定居住用宅地等	80%
	－	措法69の４ ③二イの親族	継続	継続	特定居住用宅地等	80%
	－	③二ロの親族	なし	継続	特定居住用宅地等	80%
生計一親族	無償	生計一親族 ③二ハの親族	居住	継続	特定居住用宅地等	80%
	無償	配偶者	なし		特定居住用宅地等	80%

ロ　被相続人と生計を一にする親族が所有する建物がある場合（土地は使用貸借）

建物居住者	建物の貸借	土地等取得者	継続要件		特例の内容	減額割合
			居住	保有		
被相続人	無償	配偶者	なし		特定居住用宅地等	80%
	無償	措法69の４ ③二イの親族	継続	継続	特定居住用宅地等	80%
	無償	③二ロの親族	なし	継続	特定居住用宅地等	80%
生計一親族	－	生計一親族 ③二ハの親族	継続	継続	特定居住用宅地等	80%
	－	配偶者	なし		特定居住用宅地等	80%

ハ　被相続人と生計を別にする親族が所有する建物がある場合（土地は使用貸借）

建物居住者	建物の貸借	土地等取得者	継続要件		特例の内容	減額割合
			居住	保有		
被相続人	無償	配偶者	なし		特定居住用宅地等	80%
	無償	措法69の４ ③二イの親族	継続	継続	特定居住用宅地等	80%
	無償	③二ロの親族	なし	継続	特定居住用宅地等	80%
生計一親族	無償	生計一親族 措法69の４ ③二ハの親族	継続	継続	特定居住用宅地等	80%
生計一親族	無償	配偶者	なし		特定居住用宅地等	80%
生計別親族	－	生計別親族	－		特例該当せず	0%

(3)　特定同族会社事業用宅地等

相続開始の直前において被相続人及びその被相続人の親族その他その被相続人と一定の特別の関係がある者が有する株式の総数又は出資の総額がその株式又は出資に係る法人の発行済株式の総数又は出資の総額10分の５を超える法人の事業（不動産貸付業、駐車場業、自転車駐車場業及び準事業を除きます。）の用に供されていた宅地等で、相続又は遺贈によりその宅地等を取得した個人のうちにその法人の役員であるその被相続人の親族がおり、その宅地等を取得した親族が相続開始の時から申告期限まで引き続きその宅地等を所有し、かつ、申告期限まで引き続きその法人の事業の用に供されている場合におけるその宅地等（宅地等のうちにこの要件に該当する部分以外の部分があるときは、この要件に該当する部分の宅地等に限ります。また、その親族が相続又は遺贈により取得した持分の割合に応ずる部分に限ります。）をいいます（措法69の４③三）。

区分	特例の適用要件	
一定の法人の事業の用に供されていた宅地等	法人役員要件	相続税の申告期限においてその法人の役員であること
	保有継続要件	その宅地等を相続税の申告期限まで保有していること

（注）上記の一定の法人とは、相続開始の直前において被相続人及び被相続人の親族等（被相続人の親族及びその被相続人と施行令40の２⑯に定める特別の関係のある者）が法人の発行済株式等の総数又は出資の総額の50％超を有している法人（相続税の申告期限において清算中の法人を除きます。）をいいます。

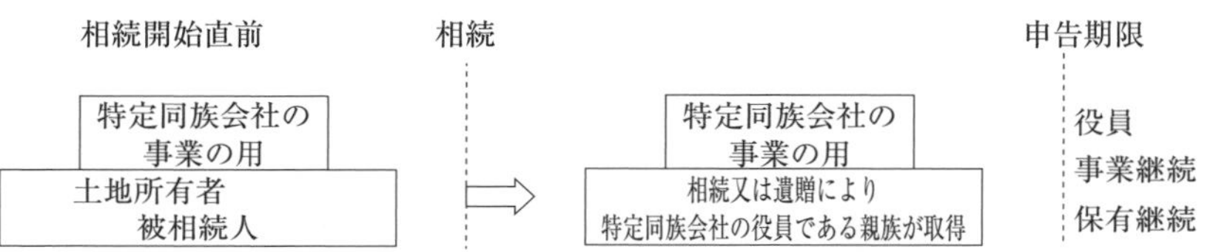

○　特定同族法人が建物を所有している場合（特定同族法人が事業を行っている場合）

無償返還届	地代支払い	相続税評価	特例の内容	減額割合
届出あり	相当地代を支払っている場合	20％減額	特定同族会社事業用宅地等	80％
	相当な対価を得て継続的	20％減額	特定同族会社事業用宅地等	80％
	無償	自用地評価	特例対象宅地等に該当せず	０％
届出なし	相当地代を支払っている場合	20％減額	特定同族会社事業用宅地等	80％
	相当な対価を得て継続的	貸宅地評価	特定同族会社事業用宅地等	80％
	無償	貸宅地評価	特例対象宅地等に該当せず	０％

○　被相続人等又は被相続人と生計を別にする親族が所有する建物を特定同族会社が借りて事業を行っている場合（土地は使用貸借）

建物所有者	建物貸借	特例の内容	要件			減額割合
			土地等取得者	役員	保有	
被相続人等	相当な対価を得て継続的	特定同族会社事業用宅地等	役員である親族	役員	保有継続	80%
	無償	特例対象宅地等に該当せず				０％
生計別親族	有償・無償を問わず	特例対象宅地等に該当せず				０％

(4)　貸付事業用宅地等

被相続人等の事業（不動産貸付業、駐車場業、自転車駐車場業及び準事業に限ります。以下「貸付事業」といいます。）の用に供されていた宅地等で、次に掲げる要件のいずれかを満たす被相続人の親族が相続又は遺贈により取得したもの（特定同族会社事業用宅地等及び相続開始前３年以内に新たに貸付事業の用に供された宅地等（相続開始の日まで３年を超えて引き続き事業的規模で貸付事業を行っていた被相続人等の貸付事業の用に供されたものを除きます。）を除き、その親族が相続又は遺贈により取得した持分の割合に応ずる部分に限ります。）をいいます（措法69の４③四）。

イ　その親族が、相続開始の時から申告期限までの間にその宅地等に係る被相続人の貸付事業を引き継ぎ、申告期限まで引き続きその宅地等を有し、かつ、その貸付事業の用に供していること

ロ　被相続人の親族がその被相続人と生計を一にしていた者であって、相続開始時から申告期限まで引き続きその宅地等を有し、かつ、相続開始前から申告期限まで引き続きその宅地等を自己の貸付事業の用に供していること

○　被相続人の貸付事業の用

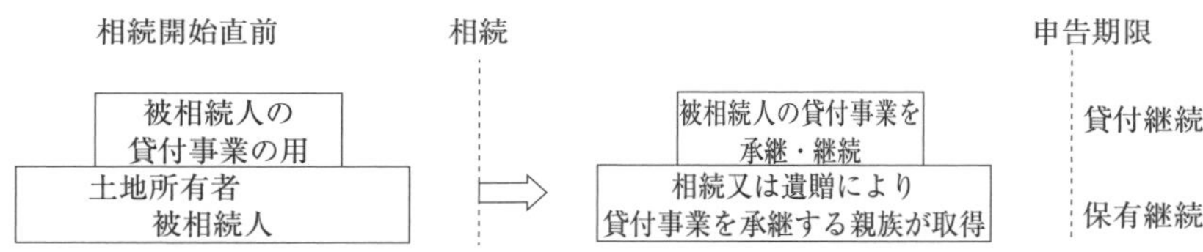

○　被相続人と生計を一にする親族の貸付事業の用

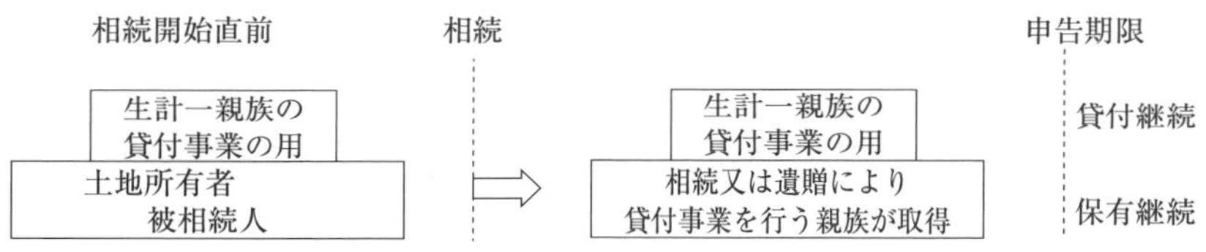

区分	特例の適用要件	
被相続人の貸付事業の用に供されていた宅地等	事業承継要件	その宅地等に係る被相続人の貸付事業を相続税の申告期限までに引き継ぎ、かつ、その申告期限までその貸付事業を行っていること
	保有継続要件	その宅地等を相続税の申告期限まで有していること
被相続人と生計を一にしていた被相続人の親族の貸付事業の用に供されていた宅地等	事業継続要件	相続開始前から相続税の申告期限まで、その宅地等に係る自己の貸付事業を継続していること。
	保有継続要件	その宅地等を相続税の申告期限まで有していること

（注１）相続開始前３年以内に新たに貸付事業の用に供された宅地等であっても、相続開始の日まで３年を超えて引き続き特定貸付事業（貸付事業のうち準事業以外のものをいいます。以下同じです。）を行っていた被相続人等のその特定貸付事業の用に供された宅地等については、３年以内貸付宅地等に該当しません。

（注２）「準事業」とは、事業と称するに至らない不動産の貸付けその他これに類する行為で相当の対価を得て継続的に行うものをいいます。

建物所有者	土地等貸借	建物貸借	相続税評価	特例の内容	土地等取得者	要件		減額割合
						事業	保有	
被相続人	－	相当な対価を得て継続的	貸家建付地	貸付事業用宅地等（被相続人建物貸付）	親族	貸付継続	保有継続	50%
生計一親族	相当な対価を得て継続的	有償・無償に関係なく	貸宅地	貸付事業用宅地等（被相続人土地貸付）	親族	貸付継続	保有継続	50%
生計一親族	無償	相当な対価を得て継続的	自用地	貸付事業用宅地等（生計一親族建物貸付）	親族	貸付継続	保有継続	50%
被相続人等以外	無償	有償・無償に関係なく	自用地	非該当	－	－	－	－

(5)　日本郵便株式会社に貸し付けられている一定の郵便局舎の敷地の用に供されている宅地等

日本郵便株式会社に貸し付けられている郵便局舎の敷地の用に供されている宅地等については、次の１から４の要件のすべてを満たす場合、特定事業用宅地等に該当するものとして、この特例の適用を受けることができます。

1　平成19年９月30日以前から被相続人又はその相続人が旧日本郵政公社との間の賃貸借契約に基づき郵便局の用に供するために貸し付けられていた一定の建物（以下「郵便局舎」といいます。）の敷地の用に供されていた宅地等であること

2　平成19年10月１日から相続の開始の直前までの間において、その賃貸借契約の契約事項に一定事項以外の事項の変更がない賃貸借契約に基づき、引き続き、郵便局舎の敷地の用に貸し付けられていた宅地等であること（貸付先は、平成19年10月１日から平成24年９月30日までの間にあっては郵便局株式会社、平成24年10月１日から相続開始の直前までの間にあっては日本郵便株式会社）

3　その宅地等を取得した相続人から相続の開始の日以後５年以上その郵便局舎を日本郵便株式会社が引き続き借り受けることにより、その宅地等を同日以後５年以上郵便局舎の敷地の用に供する見込みであることについて総務大臣の証明がなされたものであること

4　郵便局舎の宅地等について、既にこの特例の規定の適用を受けていないこと（賃貸人一代限り）

2　特例対象宅地等の選択

この特例の適用を受けるための「選択」は、この特例の適用を受けようとする個人が相続又は遺贈により取得した特例対象宅地等について、①その相続又は遺贈により特例対象宅地等を取得した個人が２人以上いる場合と②それ以外の場合の区分に応じて、次に定める書類を相続税の申告書に添付することにより行うものとされています（措令40の２⑤）。

①	その相続又は遺贈により特例対象宅地等を取得した個人が２人以上いる場合	イ	選択をしようとする特例対象宅地等について小規模宅地等の区分その他の明細を記載した書類
		ロ	選択をしようとする特例対象宅地等が限度面積要件のいずれか一の要件を満たす旨を記載した書類
		ハ	特例対象宅地等を取得した全ての者のこの選択についての同意を証する書類
②	上記①以外の場合	イ	選択をしようとする特例対象宅地等について小規模宅地等の区分その他の明細を記載した書類
		ロ	選択をしようとする特例対象宅地等が限度面積要件のいずれか一の要件を満たす旨を記載した書類

3　限度面積要件

当該相続又は遺贈により特例対象宅地等を取得した者に係る選択特例対象宅地等の次の区分に応じ、それぞれ限度面積要件とされています（措法69の４②）。

①　選択特例対象宅地等が特定事業用宅地等又は特定同族会社事業用宅地等（「特定事業用等宅地等」といいます。）である場合……その選択特例対象宅地等の面積の合計が 400 m² 以下であること
②　選択特例対象宅地等が特定居住用宅地等である場合……その選択特例対象宅地等の面積の合計が 330 m² 以下であること
③　選択特例対象宅地等が貸付事業用宅地等である場合……次のイ、ロ及びハの面積の合計が 200 m² 以下であること
イ　特定事業用等宅地等である選択特例対象宅地等の面積の合計×200/400
ロ　特定居住用宅地等である選択特例対象宅地等の面積の合計×200/330
ハ　貸付事業用宅地等である選択特例対象宅地等の面積の合計

特例の適用を選択する宅地等	限度面積
イ　貸付事業用宅地等の選択がない場合 ①　特定事業用宅地等 ②　特定同族会社事業用宅地等 ③　特定居住用宅地等	①＋②≦400 m² ③　≦330 m²
ロ　貸付事業用宅地等を選択する場合 貸付事業用宅地等及びそれ以外の宅地等	(①＋②)×200 m²/400 m² ＋③×200 m²/330 m² ＋貸付事業用宅地等の面積の合計≦200 m²

小規模宅地特例を受けるものとしてその全部又は一部の選択をしようとする宅地等が配偶者居住権の目的となっている建物の敷地の用に供される宅地等又は配偶者居住権に基づく敷地利用権の全部又は一部である場合には、その宅地等の面積は、その面積に、それぞれその敷地の用に供される宅地等の価額又はその敷地利用権の価額がこれらの価額の合計額のうちに占める割合を乗じて得た面積であるものとみなして計算をし、限度面積要件を判定します（措令40の２⑥）。

配偶者居住権が設定されている場合における小規模宅地等の面積調整

【例】　○土地：更地の相続税評価額　4,000万円　面積 200 m²
　　　　○子が土地・建物を相続
　　　　○建物に配偶者と子が居住
　　　　敷地利用権　1,000万円　所有権3,000万円

（面積調整）

200 m²×1,000万円/4,000万円＝50 m²

200 m²×3,000万円/4,000万円＝150 m²

50 m²＋150 m²＜330 m² ⇒ 居住用の限度面積を満たす

４　特例対象宅地等の分割要件

この特例の適用を受けるためには、相続税の申告書の提出期限（相続の開始があったことを知った日の翌日から10か月）までに共同相続人又は包括受遺者によって特例の対象となる宅地等が分割されていることが必要となりますので、その申告書の提出期限までに分割されていない場合には、この特例の適用を受けられないことになります（措法69の４④）。

なお、相続税の申告期限までに分割されていない宅地等が申告期限から３年以内に分割された場合には、この特例の適用を受けることが認められます。さらに、３年以内にその宅地等が分割されなかったことにつき、やむを得ない事情がある場合において、納税地の所轄税務署長の承認を受けたときには、分割できることとなった日の翌日から４か月以内に分割された場合にもこの特例の適用が認められます（措法69の４④）。

また、申告の時点において未分割であったため、この小規模宅地等に

ついての相続税の課税価格の計算の特例を適用しないで申告をしていた場合において、遺産分割が行われ、この特例を適用して計算した相続税額が当初に申告した相続税額よりも減少することとなったときは、そのことを知った日から４か月以内に限り、納税地の所轄税務署長に対して、更正の請求をすることができることとされています（措法69の４⑤）

５　申告要件等

この小規模宅地等についての相続税の課税価格の計算の特例の適用を受けるには、相続税の申告書に、この特例の適用を受けようとする旨を記載し、小規模宅地等に係る計算の明細等の書類を相続税の申告書に添付することが必要とされています（措法69の４⑦、措規23の２⑧）。

この特例を適用しようとする場合に相続税の申告書に添付することとされている書類について、個人番号制度の導入に伴い、住民票の写しを省略するなどの見直しが行われました。

具体的には次のとおりとされ、個人番号がない場合を除き、住民票の写し及び戸籍の附票の写しの添付が省略されました。

①　相続税の課税価格に算入すべき価額の計算に関する明細書

②　租税特別措置法第69条の４第３項第２号イ又はハの親族が個人番号を有しない場合には、特定居住用宅地等である小規模宅地等を自己の居住の用に供していることを明らかにする書類

③　租税特別措置法第69条の４第３項第２号ロの親族が個人番号を有しない場合には、相続開始前３年以内の住所を明らかにする書類

④　相続開始前３年以内に③の親族が居住していた家屋が自己又はその配偶者の所有する家屋でないことを証する書類

（添付書類等）

<table>
<tr><th colspan="2" rowspan="2">小規模宅地等の区分</th><th colspan="2" rowspan="2">根拠規定</th><th rowspan="2">課税割合</th><th colspan="3">添付書類</th></tr>
<tr><th>戸籍謄本等</th><th>遺言書写し等</th><th>その他の書類</th></tr>
<tr><td rowspan="4">居住用宅地等</td><td rowspan="4">特定居住用宅地等</td><td>配偶者</td><td>措法69の４③二</td><td rowspan="4">20％</td><td>○</td><td>○</td><td>－</td></tr>
<tr><td rowspan="3">その他の者</td><td>③二イ</td><td>○</td><td>○</td><td>ⓐ</td></tr>
<tr><td>③二ロ</td><td>○</td><td>○</td><td>ⓑ</td></tr>
<tr><td>③二ハ</td><td>○</td><td>○</td><td>ⓐ</td></tr>
<tr><td rowspan="3">事業用宅地等</td><td>特定事業用宅地等</td><td colspan="2">措法69の４③一</td><td>20％</td><td>○</td><td>○</td><td>ⓒ</td></tr>
<tr><td>特定同族会社事業用宅地等</td><td colspan="2">措法69の４③三</td><td>20％</td><td>○</td><td>○</td><td>ⓓ</td></tr>
<tr><td>貸付事業用宅地等</td><td colspan="2">措法69の４③四</td><td>50％</td><td>○</td><td>○</td><td>ⓒ</td></tr>
</table>

①　戸籍謄本等

ⓐ　戸籍謄本（相続開始日から10日を経過した日以後に作成されたもので、すべての相続人を明らかにするもの）

ⓑ　「法定相続情報一覧図の写し」（子の続柄が実子又は養子のいずれであるか分かるように記載されたもの）

ⓒ　ⓐ又はⓑを複写機で複写したもの

②　遺言書の写し等

・遺言書の写し

・遺産分割協議書の写し（すべての共同相続人、包括受遺者が自署し、自己の印（印鑑証明書の添付が必要）を押しているもの）

③　そのほかの書類

ⓐ　特例の対象となる宅地等を自己の居住の用に供していることを明らかにする書類（個人番号を有する場合は不要）

ⓑ　⑴　相続開始３年以内における住所又は居所を明らかにする書類

（個人番号を有する場合は不要）

⑵　相続開始前３年以内に居住していた家屋が、自己、自己の配偶者、三親等以内の親族の所有する家屋以外の家屋であることを証する書類

⑶　相続開始の時において自己の居住している家屋を相続開始前のいずれの時においても所有したことがないことを証する書類

第２章　制度の沿革

〔昭和58年〕

（小規模宅地等についての相続税の課税価格の計算の特例）が租税特別措置法に新設されました。

昭和58年１月１日以後に相続又は遺贈により取得した財産に係る相続税について適用されることとなりました。

概要

個人が相続又は遺贈により取得した財産のうちに、その相続の開始の直前において、その相続若しくは遺贈に係る被相続人又は被相続人と生計を一にしていた親族（以下「被相続人等」といいます。）の事業（準事業を含みます。）の用又は居住の用に供されていた宅地等（土地又は土地の上に存する権利で建物又は構築物の敷地の用に供されているものがある場合には、その相続又は遺贈により財産を取得した者に係る全ての当該宅地等の200 m^2 までの部分のうち、当該個人が取得した宅地等で政令で定めるもの（以下「小規模宅地等」といいます。）については、相続税の課税価格に算入すべき価額は、当該小規模宅地等の価額に、次に掲げる小規模宅地等の区分に応じ、それぞれに定める割合を乗じて計算した金額とされました。

区分				減額割合
①	小規模宅地等の 200 m² までの全部が被相続人等の事業の用に供されていた宅地等である場合			40%
②	小規模宅地等の 200 m² までの部分の一部が被相続人等の事業の用に供されていた宅地等である場合	イ	被相続人等の事業の用に供されていた宅地等	40%
		ロ	被相続人等の居住の用に供されていた宅地等	20%
③	小規模宅地等の 200 m² までの全部が被相続人等の居住の用に供されていた宅地等である場合			30%

個別通達では、事業の用に供されていた宅地等とは、相続開始時において被相続人が営む事業の用に供していた宅地をいい、貸し付けていた宅地及び貸し付けていた建物の敷地である宅地は該当しないこととされていましたが、被相続人等の事業には、事業と称するには至らない不動産の貸付その他これに類する行為で相当な対価を得て継続的に行われるものを含むこととされました。

（創設の趣旨）

「被相続人の事業の用又は居住の用に供されていた宅地のうち面積 200 m² までの部分のいわゆる小規模宅地については、それが相続人等の生活の基盤維持のために不可欠なものであって、その処分について相当な制約を受けるのが通常であるところから、従来、通達による税務執行上、通常の方法によって評価した価額の80％相当額によって評価することに取り扱われてきました（昭50直資５－17）。

今回、取引相場のない株式の相続税の評価について改善合理化を行うこととされたことに関連し、税制調査会の「昭和58年度の税制改正に関する答申」において「株式評価について改善合理化を図ることの関連で、個人が事業の用又は居住の用に供する小規模宅地についても所要の措置を講ずることが適当である。」とされたことから、最近における地価の動向にも鑑み、個人事業者等の事業の用又は居住の用に供する小規模宅地の処分についての制約面に一層配意し、特に事業用土地については、事業が雇用の場であるとともに取引先等と密接に関連している等事業主以外の多くの者の社会的基盤として居住用土地にはない制約を受ける面があること等に顧み、従来の通達による取り扱いを発展的に吸収して相続税の課税上特別の配意を加えることとし、以下に述べる小規模宅地等についての相続税の課税価格の計算の特例として法定することとされました。（昭和58年改正税法のすべてから）

〔昭和63年度改正〕

（改正の内容）

⑴　事業用の宅地等の減額割合が40％から60％へ、居住用の宅地等の減額割合が30％から50％に引き上げられました。

　昭和63年１月１日以後に相続又は遺贈により取得した財産に係る相続税から適用されることとなりました。

⑵　事業用に含まれていた事業と称するに至らない不動産貸付けその他これに類する行為で相当の対価を得て継続的に行うものの用に供されていた宅地等は昭和63年12月31日以後に相続又は遺贈により取得した財産に係る相続税からこの特例の対象外とされました。

<table>
<tr><th colspan="3" rowspan="2">区分</th><th colspan="2">減額割合</th></tr>
<tr><th>改正前</th><th>改正後</th></tr>
<tr><td>①</td><td colspan="2">小規模宅地等の200 m²までの全部が被相続人等又は国の事業の用に供されていた宅地等である場合</td><td>40％</td><td>60％</td></tr>
<tr><td rowspan="2">②</td><td rowspan="2">小規模宅地等の200 m²までの部分の一部が被相続人等（又は国）の事業の用に供されていた宅地等と居住の用に供していた宅地等である場合</td><td>イ　事業の用に供されていた宅地等</td><td>40％</td><td>60％</td></tr>
<tr><td>ロ　被相続人等の居住の用に供されていた宅地等</td><td>20％</td><td>40％</td></tr>
<tr><td>③</td><td colspan="2">小規模宅地等の200 m²までの全部が被相続人等の居住の用に供されていた宅地等である場合</td><td>30％</td><td>50％</td></tr>
</table>

〔平成４年改正〕

（改正の内容）

(1)　事業用宅地等についての減額割合が60％から70％へ、居住用宅地等の減額割合が50％から60％へ引き上げられました。

平成４年１月１日以後に相続又は遺贈により取得した財産に係る相続税から適用されることとなりました。

<table>
<tr><th colspan="3" rowspan="2">区分</th><th colspan="2">減額割合</th></tr>
<tr><th>改正前</th><th>改正後</th></tr>
<tr><td>①</td><td colspan="2">小規模宅地等の200 m²までの全部が被相続人等又は国の事業の用に供されていた宅地等である場合</td><td>60％</td><td>70％</td></tr>
<tr><td rowspan="2">②</td><td rowspan="2">小規模宅地等の200 m²までの部分の一部が被相続人等（又は国）の事業の用に供されていた宅地等と居住の用に供していた宅地等である場合</td><td>イ　事業の用に供されていた宅地等</td><td>60％</td><td>70％</td></tr>
<tr><td>ロ　被相続人等の居住の用に供されていた宅地等</td><td>40％</td><td>50％</td></tr>
<tr><td>③</td><td colspan="2">小規模宅地等の200 m²までの全部が被相続人等の居住の用に供されていた宅地等である場合</td><td>50％</td><td>60％</td></tr>
</table>

〔平成６年改正〕

(改正の内容)

(1)　小規模宅地等についての相続税の課税の特例の拡充等が行われ、特例の対象となる宅地等の範囲が改正されるとともに、特定事業用宅地等、特定同族会社事業用宅地等、特定居住用宅地等、国営事業用宅地等についての減額割合が80%、それ以外の小規模宅地等の減額割合が50%とされました。

(2)　被相続人等の事業用宅地等に、事業と称するに至らない不動産貸付けその他これに類する行為で相当の対価を得て継続的に行うものの用に供されていた宅地等がこの特例の対象とされました。

(3)　相続税の申告書の提出期限までに分割されていない宅地等には適用しないこととされました。

平成６年１月１日以後以後に相続又は遺贈により取得した財産に係る相続税から適用されることとなりました。

<table>
<tr><th>区分</th><th>減額割合</th><th>区分</th><th>減額割合</th></tr>
<tr><td rowspan="2">被相続人等の事業用宅地等</td><td rowspan="2">70%</td><td>特定事業用宅地等</td><td rowspan="4">80%</td></tr>
<tr><td>特定同族会社事業用宅地等</td></tr>
<tr><td rowspan="2">被相続人等の居住用宅地等</td><td rowspan="2">60%</td><td>特定居住用宅地等</td></tr>
<tr><td>国営事業用宅地等</td></tr>
<tr><td>国の事業用宅地等</td><td>70%</td><td>上記以外の小規模宅地等</td><td>50%</td></tr>
</table>

〔平成11年改正〕

(改正の内容)

(1)　特定事業用宅地等、国営事業用宅地等及び特定同族会社事業用宅地等の適用対象面積が200 m^2 から330 m^2 に拡大されました。

区分	改正前	改正後
特定事業用宅地等	200 m²	330 m²
国営事業用宅地等		
特定同族会社事業用宅地等		

(2)　特定居住用宅地等の同居親族の要件の親族の範囲が民法の規定による相続人とされました。

平成11年１月１日以後以後に相続又は遺贈により取得した財産に係る相続税から適用されることとなりました。

〔平成13年改正〕

（改正の内容）

(1)　限度面積要件が宅地等の区分に応じ拡充されました。

平成13年１月１日以後以後に相続又は遺贈により取得した財産に係る相続税から適用されることとなりました。

区分		改正前	改正後
①	特定事業用宅地等	330 m²	400 m²
	特定同族会社事業用宅地等		
	国営事業用宅地等		
②	特定居住用宅地等	200 m²	240 m²
③	①及び②以外の特例対象宅地等	200 m²	200 m²

〔平成14年改正〕

（改正の内容）

(1)　特定事業用資産についての相続税の課税価格の計算の特例（措法69の５）が創設され、特例の対象となる特例対象株式及び特例対象山林との選択制となりました。

⑵　小規模宅地等の特例の適用を受けるに当たり、特例の対象となる宅地等を取得した者のほかに特例対象株式又は特例対象山林を取得した者がいる場合には、その取得した者の同意も併せて必要とされました。

平成14年１月１日以後以後に相続又は遺贈により取得した財産に係る相続税から適用されることとなりました。

〔平成15年改正〕

（改正の内容）

⑴　特定同族会社事業用宅地等の判定の場合の特定同族会社の要件が発行済株式の総数数又は出資金額の10分の５を超える法人とされました。

⑵　一定の要件を満たす場合には、小規模宅地等の特例と特定事業用資産についての相続税の課税価格の計算の特例の併用ができることとされました。

上記⑴については平成15年１月１日以後以後に相続又は遺贈により取得した財産に係る相続税から、上記⑵については平成15年４月１日以後以後に相続又は遺贈により取得した財産に係る相続税から適用されることとなりました。

〔平成17年改正〕

（改正の内容）

⑴　平成19年10月１日以後に相続又は遺贈により取得した小規模宅地等についての相続税の課税価格の計算の特例について、国営事業用宅地等が適用対象から除かれることとなりました。

なお、平成19年10月１日前に郵政公社が賃借している郵便局に係る敷地を同日以後に相続又は遺贈により取得した場合には、郵便局における賃貸借契約の円滑な承継を確保する観点から、相続開始の直前における公社当時の契約内容が基本的に維持されている等の一定の条件を満たす敷地についてのみ、一代に限り、特定事業用宅地等に該当する特例対象宅地等とみなして、原則400 m^2までの部分について80%の減額を受けることができることとされました。

<table>
<tr><th colspan="2">区分</th><th>改正前</th><th>改正後</th></tr>
<tr><td rowspan="2">①</td><td>特定事業用宅地等
（国営事業用宅地等　⇒　除外）
一定の条件を満たす郵便局敷地</td><td rowspan="2">400 m^2
（400 m^2）</td><td rowspan="2">400 m^2
一定の場合
（400 m^2）</td></tr>
<tr><td>特定同族会社事業用宅地等</td></tr>
</table>

〔平成18年改正〕

（改正の内容）

(1)　特定同族会社事業用宅地等の対象となる法人から清算中の法人が対象外とされました。

また、当該法人の定款の写しが添付書類に追加されました。

平成18年５月１日以後以後に相続又は遺贈により取得した財産に係る相続税から適用されることとなりました。

〔平成19年改正〕

（改正の内容）

(1)　平成19年１月１日以後に被相続人から相続又は遺贈により財産を取得した者（当該被相続人からの相続時精算課税制度の適用を受ける財産を贈与により取得した者を含みます。）が、特定同族株式等に係る相続時精算課税の特例の規定（措法70条の３の３、70条の３の４）の適用を受け、又は受けている場合には、小規模宅地等についての相続税の課税価格の計算の特例は適用できないこととされました。

また、信託法の施行日（平成19年９月30日）以後に効力が生じる信託について、相続又は遺贈によりその信託に関する権利（当該信託の権利の目的となっている信託財産が措法69の４第１項に規定する特例対象宅地等である場合に限ります。）を取得した者については、特例対象宅地等を取得したものとみなして特例の適用をすることができることとされました。

(2)　小規模宅地等と特定計画山林について、相続税の課税価格の計算の特例との重複適用が原則としてできず、納税者の選択により、そのうち一つの特例だけ適用できることとされました。

〔平成22年改正〕

（改正の内容）

相続人等による事業又は居住継続への配慮という制度の趣旨を踏まえ、次の見直しが行われました。

(1)　相続人等が相続税の申告期限まで事業又は居住を継続しない宅地等（改正前：200㎡まで50％減額）は特例の対象外とされました。

区分		改正後
①	特定事業用宅地等	400 m²
	特定同族会社事業用宅地等	
②	特定居住用宅地等	240 m²

(2)　一の宅地等についてその取得者が複数人いる場合には、取得した者ごとに適用要件を判定することとされました。

(3)　１棟の建物の敷地の用に供されていた宅地等のうちに被相続人等の居住の用に供されていた部分と他の用途に供されていた部分がある場合には、１棟の建物の敷地について用途ごとに床面積の割合で按分してこの特例の適用をすることとされました。

⑷　特定居住用宅地等は、主として居住の用に供されていた一の宅地等に限られることが明確にされました。

居住の用に供されて宅地等が二以上ある場合の取り扱いの明確化

(ｲ)　被相続人等の居住の用に供されていた宅地等が二以上ある場合　被相続人が主として居住の用に供していた一の宅地等

(ﾛ)　被相続人と生計を一にしていた被相続人の親族の居住の用に供されていた宅地が二以上ある場合　その親族ごとにそれぞれ主として居住の用に供していた一の宅地等

※　一人の者の居住の用に供されていた宅地等は１か所に限るというものであり、要件を満たす親族が二人以上いる場合などは、限度面積の範囲内で２か所以上の宅地等が特定居住用宅地等に該当する場合がある。

平成22年４月１日以後以後に相続又は遺贈により取得した財産に係る相続税から適用されることとなりました。

〔平成25年改正〕

（改正の内容）

⑴　特定居住用宅地等の適用対象面積が330㎡（改正前240㎡）までに拡充されました。

⑵　限度面積要件の緩和

特定事業用宅地等及び特定居住用宅地等のみを特例の対象として選択する場合については、限度面積の調整を行わないこととし、それぞれの限度面積（特定事業用宅地等400㎡、特定居住用宅地等330㎡）まで適用が可能とされました。

なお、貸付事業宅地等を選択する場合における適用対象面積の計算については、改正前と同様に調整を行うこととされました。

（改正の趣旨）

○　特例適用面積の見直し

平成27年１月１日以後の相続税について、基礎控除が引き下げられ、最高税率が引き上げられる結果、地価の高い都市部に土地を有する者の負担がより増すことが想定されます。特に、土地については、生活・事業の基盤である一方、切り分けて売却することに困難が伴うとともに、都市計画上も土地の細分化が生じてしまうことから、こうした状況に配慮し、特定居住用宅地等に係る適用対象面積の見直しが行われました。

上記⑴⑵については、平成27年１月１日以後に相続又は遺贈により取得した財産に係る相続税から適用されることとなりました。

⑶　二世帯住宅の取り扱いの見直し

一棟の二世帯住宅で構造上区分のあるものについて、被相続人及びその親族が各独立部分に居住していた場合には、その親族が相続又は遺贈により取得したその敷地の用に供されていた宅地等のうち、被相続人及びその親族が居住していた部分に対応する部分が特例の対象とされました。

具体的には、被相続人の居住の用に供されていた一棟の建物が区分所有された建物である場合には、当該被相続人の居住の用に供されていた部分に対応する宅地等、それ以外の場合には、被相続人又は当該被相続人の親族の居住の用に供されていた部分に対応する宅地等がこの特例の対象とされました（措令40の２④⑩）。

イ　被相続人の居住の用に供されていた一棟の建物が建物の区分所有等に関する法律第１条の規定に該当する建物である場合には、当該被相続人の居住の用に供されていた部分に対応する宅地等

ロ　イ以外の場合には、被相続人又は当該被相続人の親族の居住の用に供されていた部分に対応する宅地等

また、特定居住用宅地等の要件のうち同居要件について、「被相続人の親族が、相続開始の直前においてその宅地等の上に存するその被相続人の居住の用に供されていた一棟の建物（被相続人、その被相続人の配偶者又はその親族の居住の用に供されていた一定の部分に限ります。）に居住していた者であって、相続開始時から申告期限まで引き続きその宅地等を所有し、かつ、その建物に居住していること」とされました（措法69の４③二イ）。この「一定部分」については、専有部分ごとに判断することとされました。

（改正の趣旨）

○　二世帯住宅の取扱いの見直し

被相続人と親族が同居している家屋の敷地の用に供されている宅地等については、特定居住用宅地等としてこの特例が適用されます。このような宅地等のうち、いわゆる二世帯住宅の用に供されている宅地等については、その同居の判定が問題となります。

構造上内部で行き来が可能な二世帯住宅（構造上区分されていない二世帯住宅）については、全体を一つの住居と捉え、被相続人と親族が同居していたものと解し、全体について特定居住用宅地等に該当するものとして、この特例の適用が可能とされてきました。他方、構造上区分された二世帯住宅の場合は、それぞれの区分ごとに独立した住居と捉え、被相続人が居住していた部分は他の要件を満たせば特定居住用宅地等に該当するものの、それ以外の部分は特定

居住用宅地等には該当しないものとしてこの特例の適用を認めない取扱いとなっており、納税者からは分かりにくい状況となっており、建物の構造上の違いにより課税関係が異なることは不合理との指摘もありました。このように外見上は同じ二世帯住宅であるのに内部の構造上の違いにより課税関係が異なることは不合理との指摘を踏まえ、この二世帯住宅に関する取扱いを見直すこととし、「二世帯住宅」であれば内部で行き来できるか否かにかかわらず、全体として二世帯が同居しているものとしてこの特例の適用が可能とされ、同居要件について「被相続人の親族が、相続開始の直前においてその宅地の上に存するその被相続人の居住の用に供されていた一棟の建物（被相続人、その被相続人の配偶者又はその親族の居住の用に供されていた一棟の建物（相続人、その被相続人の配偶者又はその親族の居住の用に供されていた一定の部分に限ります。）に居住していた者であって、相続開始時から申告期限まで引き続きその宅地等を所有し、かつ、その建物に居住していること)」と明確にされました。

上記の「一棟の建物」には、いわゆる分譲マンションのように区分所有され、複数の所有権の目的となっているものもありえます。しかし、例えば同じ分譲マンションの101に被相続人、707に親族が居住していた場合には、それぞれの専有部分が別々に取引される権利であり、いわゆる「二世帯住宅」とは同視できないと考えられるため、上記の「一定部分」については、専有部分ごとに判断することとされ、被相続人の居住の用に供されていた一棟の建物が区分所有された建物である場合には、当該被相続人の居住の用に供されていた部分、それ以外の場合には、被相続人又は当該親族の居住の用に供されていた部分とされました。

この区分所有された建物とは区分所有建物である旨の登記がされ

ている建物となり、単なる共有の登記がされている建物はこれに含まれません。

⑷　老人ホームに入居している場合の取り扱いの見直し

老人ホームに入居したことにより被相続人の居住の用に供されなくなった家屋の敷地の用に供されていた宅地等は、①被相続人に介護が必要なため入居したものであること、②当該家屋が貸付け等の用途に供されていないことの要件が満たされる場合に限り、相続開始の直前において被相続人の居住の用に供されていたものとして特例を適用することとされました。

具体的には、被相続人が、やむを得ず所有権を取得、あるいは終身利用権を取得して有料老人ホームに入居していた場合であっても、被相続人の居住の用に供されなくなる直前においてその被相続人の居住の用に供されていた宅地等を相続開始の直前において被相続人の居住の用に供されていた宅地等と同様にこの特例を適用することとされました。

①　老人ホームへ入居することとなった理由

イ　介護保険法に規定する要介護認定又は要支援認定を受けていた被相続人が次に掲げる住居又は施設に入居又は入所していたこと。

なお、要介護認定若しくは要支援認定又は障害支援区分の認定を受けていたかどうかは相続開始時点で判定することとされているため、入居又は入所前にこれらの認定を受けている必要はありません。

(イ)　老人福祉法に規定する認知症対応型老人共同生活援助事業が行われる住居（認知症高齢者グループホーム）、養護老人ホーム、特別養護老人ホーム、軽費老人ホーム又は有料老人ホーム

(ロ)　介護保険法に規定する介護老人保健施設

(ハ)　高齢者の居住の安定確保に関する法律に規定するサービス付き高齢者向け住宅（イの有料老人ホームを除きます。）

ロ　障害者の日常生活及び社会生活を総合的に支援するための法律に規定する障害支援区分の認定を受けていた被相続人が同法に規定する障害者支援施設（施設入所支援が行われるものに限ります。）又は共同生活援助を行う住居に入所又は入居していたこと。

②　従前居住の用に供していた家屋の状況

従前居住していた家屋については、被相続人の居住の用に供されなくなった後に、あらたにその宅地等を次の用途に供した場合には、その宅地等はこの特例の適用を受けることはできないこととされました（措令40の２③）。

イ　事業（貸付けを含みます。また、事業主体は問いません。）の用

ロ　被相続人又はその被相続人と生計を一にしていた親族以外の者の居住の用

③　添付書類　老人ホームに入居していた場合、この特例の適用を受けるためには、改正前から相続税の申告書に添付して提出することとされている書類に加え、次の書類を提出する必要があります（措規23の２⑦三）。

イ　その相続開始の日以後に作成された被相続人の戸籍の附票の写し

ロ　介護保険の被保険者証の写し又は障害者の日常生活及び社会生活を総合的に支援するための法律に規定する障害福祉サービス受給者証の写しその他の書類で、その被相続人がその相続開始の直前において介護保険法に規定する要介護認定若しくは要支援認定又は障害者の日常生活及び社会生活を総合的に支援するための法

律に規定する障害支援区分の認定を受けていたことを明らかにするもの

ハ　その被相続人がその相続開始の直前において入居又は入所していた住居又は施設の名称及び所在地並びにこれらの住居又は施設が前述のいずれの住居又は施設に該当するかを明らかにする書類

（改正前）

○　被相続人が老人ホームに入居している場合

改正前の取扱いでは、被相続人が老人ホームに入居している場合には、一般にその老人ホームがその被相続人の相続開始の直前の居住場所と考えられることから、老人ホームへの入居前に被相続人の居住の用に供されていた宅地等は、この特例の適用対象外とされていました。

しかし、個々の事例の中には、その者の身体上又は精神上の理由により介護を受ける必要があるため自宅を離れているような場合もあり、諸事情を総合勘案すれば、一律に生活の拠点を移転したものとして特例を適用しないことは実情にそぐわない面があったことから、改正前においても、

イ　被相続人の身体又は精神上の理由により介護を受ける必要があるため、老人ホームへ入居することとなったものと認められること。

ロ　被相続人がいつでも生活できるようその建物の維持管理が行われていたこと。

ハ　入居後あらたにその建物を他の者の居住の用その他の用に供していた事実がないこと。

ニ　その老人ホームは、被相続人が入居するために被相続人又はその親族によって所有権が取得され、あるいは終身利用権が取

　　得されたものでないこと。

の要件の全てを満たせばこの特例の適用を認めて差し支えないものとする取扱いとなっていました。

（改正の趣旨）

従前の取扱いによると、特別養護老人ホームへの入居を希望しつつも入居できなかったため、やむを得ず終身利用権を取得し有料老人ホームに入居した場合には、上記ニの終身利用権が取得されたものでないことの要件を満たさず、この特例の適用を受けることができなくなるといった問題も指摘されていました。

そこで、上記ロ及びニの要件を廃し、相続開始の直前において被相続人の居住の用に供されていなかった場合でも、居住の用に供されなくなる直前にその被相続人の居住の用に供されていた宅地等を、相続開始の直前において被相続人の居住の用に供されていた宅地等と同様にこの特例を適用することとされました（措令40の2②）。

そして、上記イの老人ホームへ入居することとなった事由に相当する要件として明確化され、併せて対象施設も明示されました。

○　被相続人が病院に入院していた場合

被相続人が病院に入院したことにより、それまで被相続人が居住していた家屋が相続開始の直前には居住の用に供されていなかった場合であっても、入院により被相続人の生活の拠点は移転していないと考えられることから、従前からその建物の敷地の用に供されている宅地等は被相続人の居住の用に供されていた宅地等に該当するものとして、この特例の適用対象とされていました。

また、病院である介護療養型医療施設及び療養介護を受ける施設に入っていた場合にも、病院と同様、この特例の適用対象とされていました。

上記(3)(4)については、平成26年１月１日以後に相続又は遺贈により取得した財産に係る相続税から適用されることとなりました。

〔平成27年改正〕

（改正の内容）

(1)　特定居住用宅地等について、居住の用に供することができない事由の見直し

介護保険制度の改正に伴い、居住の用に供することができない事由に、介護保険法施行規則第140条の62の４第２号に該当していた者が老人ホーム等に入居していた場合が追加されました。

(2)　住民票の写し等の添付の省略

個人番号が導入されたことに伴い、一定の場合には住民票の写し及び戸籍の附票の写しの添付を要しないこととされました。

〔平成30年改正〕

（改正の内容）

(1)　特定居住用宅地等について持ち家のない相続人等の要件の見直し

特定居住用宅地等の要件のうち、自己又は自己の配偶者の所有する家屋に居住したことがない親族の要件（措法69の４③二ロ）が、その親族（被相続人の居住の用に供されていた宅地等を取得した一定の者に限ります。）が次に掲げる要件の全てを満たすこと（被相続人の配偶者又は被相続人と同居していた民法第５編第２章の規定による相続人（相続の放棄があった場合には、その放棄がなかったものとした場合における相続人）がいない場合に限ります。）とされました。

イ　相続開始前３年以内に相続税法の施行地内にあるその親族、その

親族の配偶者、その親族の三親等内の親族又はその親族と特別の関係がある法人が所有する家屋（相続開始の直前においてその被相続人の居住の用に供されていた家屋を除きます。）に居住したことがないこと

ロ　その被相続人の相続開始時にその親族が居住している家屋を相続開始前のいずれの時においても所有していたことがないこと

ハ　相続開始時から申告期限まで引き続きその宅地等を有していること

なお、上記イとロは要件として重複している部分がありますが、これは、上記イの要件だけでは規定されている者に類似する者が相続した場合（家屋を親族等以外の関係者に譲渡する場合等）には対応できず、逆に上記ロの要件だけでは孫に遺贈するような場合には対応できないことから、両方の要件が定められているものです。

（上記の宅地等を取得した一定の者とは、相続税法第１条の３第１項第１号若しくは第２号の規定に該当する者又は同項第４号の規定に該当する者のうち日本国籍を有する者をいいます（措規23の２④)。

（改正の趣旨）

小規模宅地等の特例は、被相続人の有していた宅地等を相続又は遺贈により取得した相続人の事業又は生活を維持するために設けられているもので、利用されることが多い特例です。

特定居住用宅地等の要件のうち、勤務の都合等により被相続人と同居できず、かつ、持ち家を持たない相続人が被相続人の死亡後に被相続人が居住の用に供していた家屋に戻る場合を想定した要件について、既に自己の名義の家屋を持っている相続人が、その家屋を譲渡や贈与により自己又はその配偶者以外の名義に変更し、居住関係は変わらないまま、持ち家がない状況を作出して被相続人が居住

の用に供していた宅地等について本特例を適用することも可能となっていました。また、自らは家屋を所有しない孫に対して被相続人が居住の用に供していた宅地等を遺贈することにより本特例を適用するケースも指摘されていました。相続人の居住の継続のためという本特例の趣旨に照らすと、このようなケースは自己が居住する家屋を実質的に維持したまま、被相続人が居住していた宅地等の課税価格を減額するものであり、制度の趣旨を逸脱しているとみることもできます。そこで、平成30年度税制改正では、この要件が本特例の趣旨に即したものとなるよう見直されました。

⑵　貸付事業用宅地等の要件の見直し

貸付事業用宅地等から、相続開始前３年以内に新たに貸付事業の用に供されたものが除かれました（措法69の４③四）。

ただし、相続開始の日まで３年を超えて引き続き準事業以外の貸付事業を行っていた被相続人等の貸付事業に供されたものは、この除外規定の対象外とされ、特例を適用することができます（措法69の４③四、措令40の２⑯）。

準事業とは事業と称するに至らない不動産の貸付けその他これに類する行為で相当の対価を得て継続的に行うもの（措令40の２①）とされていることから、準事業以外の貸付事業とは事業と称することのできる規模での不動産の貸付け（「特定貸付事業」といいます。）となります。上記の「相続開始前３年以内」の適用に関し、特定貸付事業を行っていた被相続人が、その特定貸付事業の用に供する宅地等を前の相続により取得してから３年以内に死亡したときは、先代が特定貸付事業を行ってきた期間は、被相続人が特定貸付事業の用に供していた期間と通算されます（措令40の２⑰）

(改正の趣旨)

貸付事業用宅地等の軽減措置については、相続開始前に貸付用不動産を購入することにより金融資産を不動産に変換し、金融資産で保有する場合に比し、相続税評価額が圧縮され、かつ、小規模宅地等の特例も適用できるという節税策が雑誌などで盛んに紹介され、低金利も背景に賃貸アパートが増加する状況となっていました。特にタワーマンションでは、その減額効果が大きくなるといわれています。また、会計検査院による随時報告「租税特別措置（相続税関係）の適用状況等について」（平成29年11月）においては、申告期限経過後短期間で本特例の適用を受けた宅地等を譲渡している事例も多いこと、譲渡している事例のうち貸付用不動産が多数を占めることが指摘されていました。このような状況に対応するため、平成30年度税制改正では、相続開始前３年以内に貸付用不動産を取得した場合には、貸付事業用宅地等の特例は適用できないこととされました。ただし、３年以上継続的に事業的規模で不動産貸付けを営んでいる場合は、金融資産を不動産に変換して節税策を講じるものともいえないことから、適用対象から除外されません（平成30年改正税法のすべてから)。

(3)　被相続人が老人ホーム等に入所していた場合の介護医療院の追加

被相続人が介護医療院に入所したことによりその居住の用に供されなくなった家屋の敷地の用に供されていた宅地等について、相続の開始の直前において被相続人の居住の用に供されていたものとして本特例を適用することとされました（措令40の２②一ロ)。

平成30年４月１日以後に相続又は遺贈により取得した財産に係る相続税について適用されることとなりました。

〔令和元年年改正〕

（改正の内容）

(1)　特定事業用宅地等の範囲の見直し

特定事業用宅地等の範囲から、相続開始前３年以内に新たに事業の用に供された宅地等（その宅地等の上で事業の用に供されている次に掲げる資産（その事業の用以外の用に供されていた部分がある場合には、その事業の用に供されていた部分に限ります。）で、被相続人等が有していたものの相続開始の時の価額が、その宅地等の相続開始の時の価額の15％以上である場合を除きます。（(注)）が除外されました（措法69の４③一、措令40の２⑧）。

イ　その宅地等の上に存する建物（その附属設備を含みます。）又は構築物

ロ　所得税法第２条第１項第19号に規定する減価償却資産でその宅地等の上で行われるその事業に係る業務の用に供されていたもの（イに掲げるものを除きます。）

(注) これは、小規模宅地特例の平均的な減税効果（宅地価額の概ね15％程度と推計）を上回る程度の投資を行った事業者については特例が認められるよう配慮したものです。ただし、被相続人が相続開始前３年以内に開始した相続又はその相続に係る遺贈により事業の用に供されていた宅地等を取得し、かつ、その取得の日以後その宅地等を引き続き事業の用に供していた場合におけるその宅地等については、被相続人が相続により取得した事業用宅地等の上で事業を営んでいた期間が３年未満の場合であっても特定事業用宅地等の範囲から除外されません（措令40の２⑨）。

なお、小規模宅地特例の適用を受けようとする宅地等が相続開始前３年以内に新たに被相続人等の事業の用に供されたものである場合には、その事業の用に供されていた上記イ及びロに掲げる資産の相続開始の時における種類、数量、価額及びその所在場所その他の明細を記載した書類でそ

の資産の相続開始の時の価額がその宅地等の相続開始の時の価額15％以上である事業であることを明らかにするものを相続税の申告書に添付しなければなりません（措規23の２⑧）。

（改正の趣旨）

この小規模宅地特例は、被相続人の有していた宅地等を相続又は遺贈により取得した相続人の事業又は生活を維持するために設けられているものです。こうした制度趣旨に合うものとするため、これまで、制度の適正化のための見直しが行われてきました。令和元年度改正においては、個人事業者に係る事業承継税制の創設についての議論が行われ、その際、この特例について次のような問題点も指摘されたところです。

①　相続税の申告期限後短期間で売却できる

②　債務を利用した節税の余地がある。

③　事業を承継する者以外の者の税負担を軽減している。

こうした指摘も踏まえ、令和元年度改正においては、平成30年度において講じた貸付事業用宅地等に係る見直しにならい、特定事業用宅地等について、節税を目的とした駆け込み的な適用など、本来の趣旨を逸脱した適用を防止するための措置が講じられました。

⑵　個人の事業用資産についての納税猶予制度の創設に伴う所要の措置

個人の事業用資産についての納税猶予制度が創設されたところですが、この納税猶予制度と小規模宅地特例とは、選択制とされています。したがって、個人の事業用資産についての贈与税の納税猶予制度の適用に係る贈与者から相続又は遺贈により取得（措置法第70条の６の９第１項（同条第２項の規定により読み替えて適用する場合を含みます。）の規定により相続又は遺贈により取得をしたものとみなされる場合における取得を含みます。）をした特定事業用宅地等及び個人の事業用資産についての相続税の納税猶予制度の適用に係る被相続人から相続又は遺贈により取得をした特定事業用宅地等についてはこの小規模宅地特例を適用できない旨が明記されました（措法69の４⑥)。

上記(1)(2)の改正は、平成31年４月１日以後に相続又は遺贈により取得する財産に係る相続税について適用されることとなりました。

(3)　配偶者居住権の創設に伴う所要の措置

民法及び家事事件手続法の一部を改正する法律（平成30年法律第72号）により、配偶者の居住権保護のための方策として、配偶者が相続開始時に居住していた被相続人の所有建物を対象に、終身又は一定期間、配偶者にその使用又は収益を認めることを内容とする法定の権利が新設され、遺産分割における選択肢の一つとして、配偶者に配偶者居住権を取得させることができることとするほか、被相続人が遺贈等によって配偶者に配偶者居住権を取得させることができるようになりました。この配偶者居住権は、借家権類似の建物についての権利とされていることから、配偶者居住権自体が小規模宅地特例の対象となることはありません。他方、配偶者居住権に付随するその目的となっている建物の敷地を利用する権利（敷地利用権）については、「土地の上に存する権利」に該当するので、小規模宅地特例の対象となります。なお、小規模宅地特例を受けるものとしてその全部又は一部の選択をしようとする宅地等が配偶者居住権の目的となっている建物の敷地の用に供される宅地等又は配偶者居住権に基づく敷地利用権の全部又は一部である場合には、その宅地等の面積は、その面積に、それぞれその敷地の用に供される宅地等の価額又はその敷地利用権の価額がこれらの価額の合計額のうちに占める割合を乗じて得た面積であるものとみなして計算をし、限度面積要件を判定します（措令40の２⑥)。

配偶者居住権が設定されている場合における小規模宅地等の面積調整

【例】　○土地：更地の相続税評価額　4,000万円　面積　200 ㎡
　○子が土地・建物を相続
　○建物に配偶者と子が居住
　敷地利用権1,000万円　所有権3,000万円
　面積調整　200 ㎡×1,000万円/4,000万円＝50 ㎡
　200 ㎡×3,000万円/4,000万円＝150 ㎡
　50 ㎡＋150 ㎡　200 ㎡＜330 ㎡
　⇒居住用の限度面積を満たす

○　限度面積減額割合の推移

<table>
<tr><th rowspan="3"></th><th colspan="6">事業用宅地等</th><th colspan="4">居住用宅地等</th></tr>
<tr><th colspan="2">特定事業用宅地等</th><th colspan="2">その他</th><th colspan="2">貸付事業用宅地等</th><th colspan="2">特定居住用宅地等</th><th colspan="2">その他</th></tr>
<tr><th>限度面積</th><th>減額割合</th><th>限度面積</th><th>減額割合</th><th>限度面積</th><th>減額割合</th><th>限度面積</th><th>減額割合</th><th>限度面積</th><th>減額割合</th></tr>
<tr><td>昭和58. 1. 1～</td><td rowspan="4">200 ㎡</td><td>40%</td><td rowspan="6">200 ㎡</td><td>40%</td><td rowspan="6">200 ㎡
昭和63年から平成５年まで準事業は除外</td><td>40%</td><td rowspan="5">200 ㎡</td><td>30%</td><td rowspan="6">200 ㎡</td><td>20%</td></tr>
<tr><td>昭和63. 1. 1～</td><td>60%</td><td>60%</td><td>60%</td><td>50%</td><td>30%</td></tr>
<tr><td>平成4. 1. 1～</td><td>70%</td><td>70%</td><td>70%</td><td>60%</td><td>50%</td></tr>
<tr><td>平成6. 1. 1～</td><td rowspan="5">80%</td><td rowspan="3">50%</td><td rowspan="3">50%</td><td rowspan="5">80%</td><td rowspan="3">50%</td></tr>
<tr><td>平成11. 1. 1～</td><td>330 ㎡</td></tr>
<tr><td>平成13. 1. 1～</td><td rowspan="3">400 ㎡</td><td rowspan="2">240 ㎡</td></tr>
<tr><td>平成22. 4. 1～</td><td colspan="2" rowspan="2">廃止</td><td rowspan="2">200 ㎡</td><td rowspan="2">50%</td><td colspan="2" rowspan="2">廃止</td></tr>
<tr><td>平成27. 1. 1～</td><td>330 ㎡</td></tr>
</table>

第３章 Q＆A

1 共通事項

1 遺産分割に伴う相続税の更正の請求と小規模宅地等の特例の適用に係る相続人の同意

問

事実関係

1．相続人は兄弟３人（甲、乙、丙）です。各人の相続分は各1/3となります。

2．分割協議が確定しないため、最初の申告はすべて未分割として申告しました。

3．昨年10月２日、家庭裁判所の調停により分割が確定しています（相続税法第19条の２第２項に規定する「申告期限から３年以内の分割」の要件は満たしています。）。

　この調停調書の中には、各人が取得する不動産につき、それぞれ小規模宅地の特例を適用する面積も明記してあり、相続登記も完了しています。

4．小規模宅地の減額を織り込んだ結果の各人の取得割合は、甲40％、乙30％、丙30％です。

5．今回、乙と丙は相続税法第32条第１項（更正の請求の特例）、及び措置法第69条の４（小規模宅地の計算特例）を適用して、裁判所の調停調書に従い『更正の請求』を提出しました。ところが、遺産の40％を取得した甲には更正の請求書を提出する気配がなく（理由は不明）、提出期限が迫っております。

質問事項

⑴　甲が更正の請求書を提出しなかった場合、申告書上は全員の同意は明らかではありませんが、裁判所の調書に明記され、相続登記も完了している以上、『更正の請求』を提出した乙、丙には、小規模宅地等の特例の適用が認められるでしょうか。

⑵　仮に、認められなかった場合でも、相続税法第32条第１項の更正の請求だけは、認められるでしょうか。ただし、小規模宅地等の特例の適用が認められない時は、相続税の総額は変わらないので、乙、丙は分割の結果、取得割合が１／３（0.3333…）から30％に減少したことによる減少資産に対応する税額だけが還付されると考えてよいでしょうか。

答

ご質問の事例のように共同相続人の複数の者が特例対象宅地等の取得をしていた場合において、当該取得をした者のうちの一部の者が上記の同意をしないときには、その取得が調停書記載のとおりであったとしても、小規模宅地等の特例に規定する適用要件を具備することはできませんので、その取得をしたすべての者は同項の規定の適用を受けることはできません。

なお、小規模宅地等の特例の適用がないものとして相続税額等を計算した結果、相続分に従って計算された申告に係る課税価格が遺産分割に係る課税価格を超えることとなった者については、同条の規定による更正の請求をすることはできます。

解　説

未分割遺産を分割したことに伴う相続税法第32条第１項の規定に基づく更正の請求は、当該分割に基づく同項第１号に規定する事由が生じたことにより申告に係る相続税の課税価格及び相続税額が過大となった場合にすることができるものと規定されております。したがいまして、当該更正の請求は、上記の要件に該当する場合に限り、共同相続人ごとに各別に行うのが原則であり、常に共同相続人全員により共同でしなければならないというものではありません。

ただし、小規模宅地等の特例の規定の適用を受ける場合において、同項に規定する「特例対象宅地等」を取得した個人が２人以上であるときには、同項の規定の適用を受けるものとしての選択をしようとする当該特例対象宅地等について、特例対象宅地等を取得したすべての個人の当該選択についての同意を証する書類（措令40の２③三）を相続税の申告書に添付することが同特例の適用要件として規定されております（ただし、当該特例対象宅地等を取得した個人が１人である場合には、上記の「同意を証する書類」は添付する必要がありません。同項「ただし書」）。

したがいまして、ご質問の事例における共同相続人の複数の者が特例対象宅地等の取得をしていた場合において、当該取得をした者のうちの一部の者が上記の同意をしないときには、その取得が調停書記載のとおりであったとしても、措置法第69条の４第１項に規定する適用要件を具備することはできませんので、その取得をしたすべての者は同項の規定の適用を受けることはできません。

なお、上記の「同意」がない場合においても、小規模宅地等の特例の規定の適用がないものとして相続税額等を計算した結果、相続税法第32条第１項第１号の適用要件に該当することとなる者（相続分に従って計算された申告に係る課税価格が遺産分割に係る課税価格を超えることとなった者）については、同条の規定による更正の請求をすることができます。

2　代襲相続人が相続する場合の小規模宅地等の特例の適用

問

甲の父乙は５年前に死亡しておりましたが、一昨年乙の母が死亡し、本年４月に乙の父丙が死亡しました。

甲は代襲相続人として祖父丙の遺産を相続することになりましたが、先に相続が開始している甲の両親の遺産についての遺産分割が行われないままの状態にあります。乙は祖父丙が所有し、丙自ら住宅として居住していたＡ家屋に丙と同居し、乙の死亡後もその家屋を自宅として居住を続けておりました。

甲も父乙と一緒にその家屋に同居し、自宅としておりました。甲は、父乙が死亡した後もＡ家屋を相続してそこに居住しようと考えております。

甲には兄１人と妹２人があり、祖父丙の代襲相続人として丙の遺産であるＡ家屋を相続することができますが、兄妹３人ともＡ家屋を甲が相続することに同意しており、遺産分割協議書で甲がＡ家屋を取得する旨明らかにすることとしております。

甲は、Ａ家屋とその敷地を相続し、丙の相続税の申告において小規模宅地に対する課税価格の特例の適用を受けたいのですが認められるでしょうか。

答

丙の相続人全員で丙の相続に係る遺産分割協議を行い、甲が当該宅地等をすべて取得するのであれば、特例の適用が受けられます。

解　説

本件の事例は相続関係者が３代に及んでおりますので簡単に図解してみます。

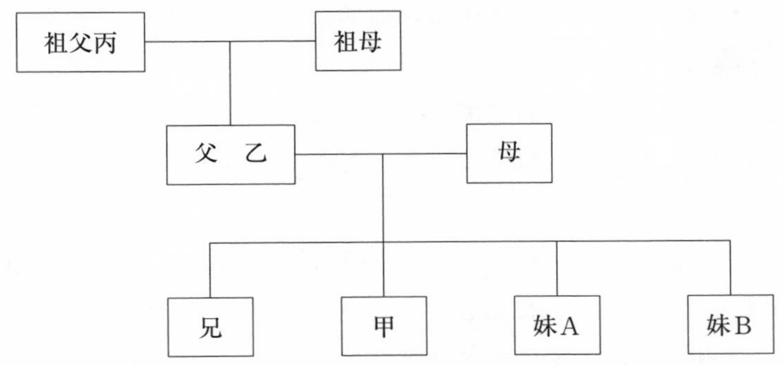

この事例は、甲が相続しようとしているA家屋とその敷地について小規模宅地等の特例の適用が認められるか問題にしておりますが、まず、A家屋の所有者が誰になっているのかを明らかにしてみます。

A家屋は、祖父丙が所有し、居宅として使用しておりましたが、本年の4月に丙が死亡したことに伴いその代襲相続人たる身分を持つ甲ほか3人の孫が相続することになります。

ここで丙の相続人全員で丙の相続に係る遺産分割協議を行い、甲が当該宅地等をすべて取得することになっております。

したがいまして、A家屋は、被相続人丙の居住の用に供されており、そのA家屋とその敷地をそこに丙と同居していた甲が相続し引き続きそれを自己の居住用家屋として使用するのであれば小規模宅地等の特例の適用が受けられます。

３　一次相続の未分割財産と小規模宅地等の特例の適用について

問

本年８月、母乙の相続が開始しました。

母乙の財産については、遺言書があり、すべての財産を長男丙が相続します。

ただし、前年10月に亡くなった父甲の相続については、母の相続開始時点で未分割の状態でした。このまま、母乙の相続税の申告期限まで父甲の相続が未分割のままだとしますと、母乙の遺産となる土地は、「①もともと所有しているＡ土地の１/２」と「②父甲から未分割の状態で相続しているＡ土地の１/４（１/２×１/２）」となります。

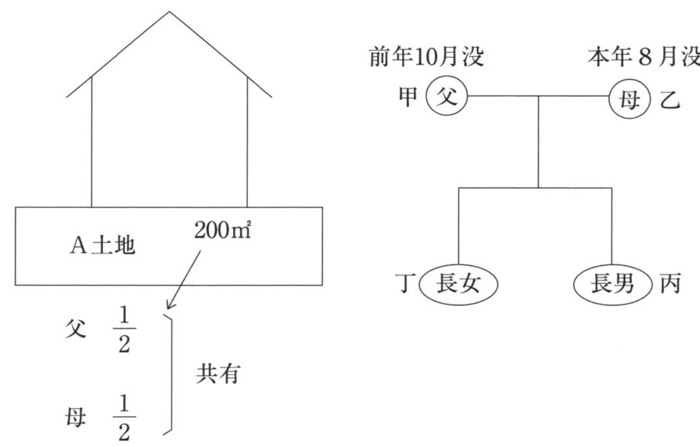

この場合、「①」については、小規模宅地の特例の対象となることに問題はないと思いますが、「②」については、分割協議により今後、増減が予想されます。

「②」については、母乙の相続税の期限内申告書で小規模宅地の特例対象にできるでしょうか。

母乙の財産の取得者は、遺言書で長男と確定されているので、

「②」も対象にできると考えられますが、父甲の相続財産の分割協議が成立し、母乙の持分が確定するまでは、対象にできないのでしょうか。

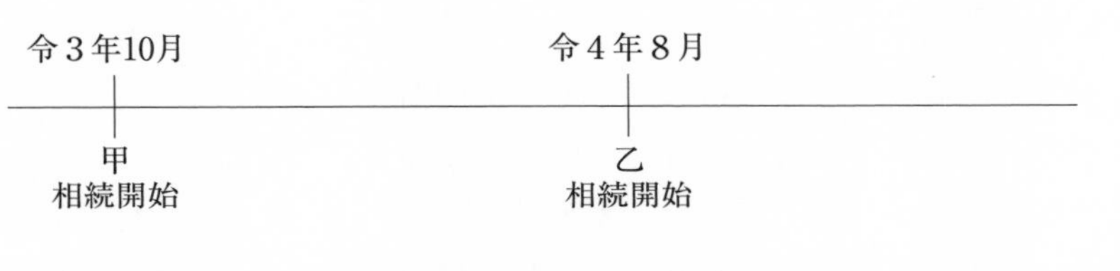

答

父甲の遺産分割協議が確定しない場合は、「②」の土地は小規模宅地等の特例の適用はありません。

解　説

父甲の未分割の遺産は、今後なされる遺産分割において母乙の取得財産とはならず、長男丙と長女丁とされるか、あるいは長男丙、長女丁のいずれか一方の取得財産とされる可能性があります。このような点から考えると、「②」に相当するところの父甲の未分割の土地に対して小規模宅地の特例を適用することはできないこととなります。

なお、遺言書どおりか母乙に相続が分割で確定した場合には、特例の適用ができます。

4　未分割で二次相続が発生した場合の特例の適用について

問

被相続人甲は、令和3年11月に相続が開始し、相続人は長男乙及び長女丙です。

甲は、乙及び丙とそれぞれ3分の1の共有の宅地を有し、当該宅地の上には、甲所有の区分所有建物が建っています。

当該建物の利用状況は、家屋番号1が1階60㎡と2階30㎡で、1階部分は貸家であり、2階部分は甲及び丙の居住用です。家屋番号2は、2階の30㎡であり、乙（被相続人と生計別）の居住用として利用していました。

この度、甲の遺産分割協議が行われないまま、丙は令和4年2月に相続が開始しました。丙には、配偶者及び子供はなく、相続人は兄弟である乙のみとなります。

甲の遺産分割が未分割のうちに、丙が死亡してしまいましたが、甲の相続税の申告に当たり、未分割として法定相続分により申告しなければならないでしょうか。

また、小規模宅地等の特例の適用は、相続税法基本通達19の2−5及び措置法通達69の4−25を準用して適用してよろしいでしょうか。

なお、その際の適用ですが、甲と丙が同居していた部分について、特定居住用宅地等として適用があるでしょうか。

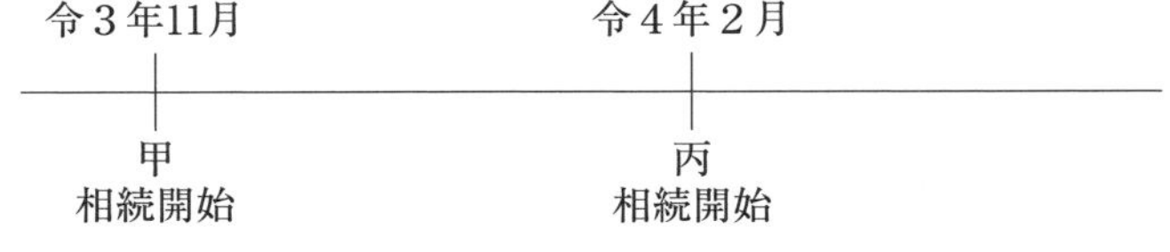

答

甲の相続税の申告に当たり、乙がすべて取得したものとして、貸付事業用宅地等のみを適用して申告することになると考えます。

解　説

1　甲の相続税の申告期限である令和4年9月の時点では、既に丙に相続が開始しており、民法896条の規定により、被相続人の財産に属した一切の権利義務を承継することとなり、甲の丙に係る相続分も丙の死亡により乙に承継されることとなりますので、申告は、乙がすべて取得したとして乙が申告することとになると考えます。

2　相続税の申告期限では、丙の死亡により自動的に乙に承継されていることから、措法69の4第4項に規定するところの未分割には該当しませんので、通達を準用するまでもなく、小規模宅地等の特例の適用が受けられます。

なお、特定居住用宅地等は、丙が財産を取得していないため、特例の適用はありません。

また、アパートに対応する部分のみが貸付事業用宅地等として他の要件を満たせば特例の対象となります。

５　敷地の一部が特定居住用宅地等に該当する場合の330 m^2 の選択

問

父甲は、その所有する宅地300 m^2 の上に父甲所有の３階建ての建物を建築し、建物の１階と２階を賃貸すると共に、３階部分に母乙と共に居住していました。

３月に父甲が死亡し、この宅地を母乙が相続により取得することになりました。このような場合、特定居住用宅地等に該当する330 m^2 の選択はどのように行ったらよいでしょうか。

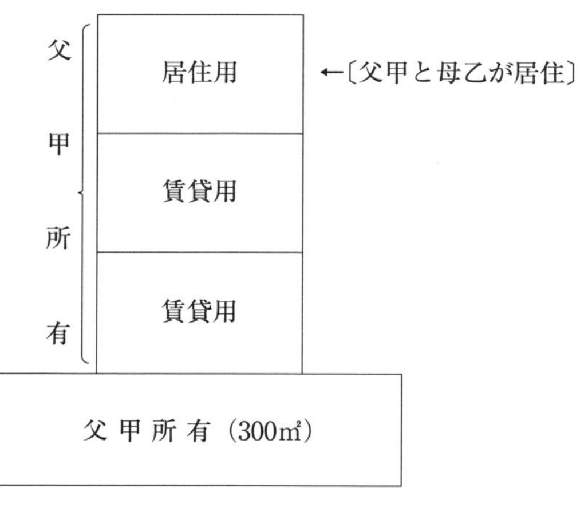

答

賃貸用家屋の敷地部分について貸付事業用宅地等として、小規模宅地等の特例を受けようとするのであれば措置法通達69の４−10に示されている限度面積を計算する必要があります。

解　説

特定居住用宅地等の選択については、特定居住用宅地等の要件を充たすものについて限度面積330 m^2 を超えない範囲で選択することになります。

なお、貸用家屋の敷地部分について、貸付事業用宅地等に該当するものとして小規模宅地等の特例を受けようとするのであれば、措置法通達69の4−10に示されている下記の限度面積を計算する必要があります。

<限度面積>

	区　分	選択特例対象宅地等の面積の合計等
①	選択特例対象宅地等の全てが特定事業用等宅地等である場合	400 m^2 以下
②	選択特例対象宅地等が特定居住用宅地等である場合	330 m^2 以下
③	選択特例対象宅地等に貸付事業用宅地等がある場合	下記算式による

<限度面積>

(算式)　$A \times 200/400 + B \times 200/330 + C \leqq 200\ m^2$

A：選択特例対象宅地等である特定事業用宅地等又は特定同族会社事業用宅地等の面積の合計

B：選択特例対象宅地等である特定居住用宅地等の面積の合計

C：選択特例対象宅地等である貸付事業用宅地等の面積の合計

6　贈与により取得した土地等について小規模宅地等の特例の適用について

問

甲は、父親乙から令和3年1月31日に居住の用に供していた宅地の贈与を受けました。

甲と乙は、従前から生計を一にして、この宅地の上の建物に同居していましたが、乙は、甲に宅地を贈与した後、令和3年5月7日に死亡しました。

甲は、乙の相続に係る相続税の申告において、上記の宅地を相続税法第19条の規定により相続財産に加算して申告しています。

この場合、相続開始の年と同年中に贈与を受けた宅地について、小規模宅地等の特例の適用を受けることができると思いますが、いかがでしょうか。

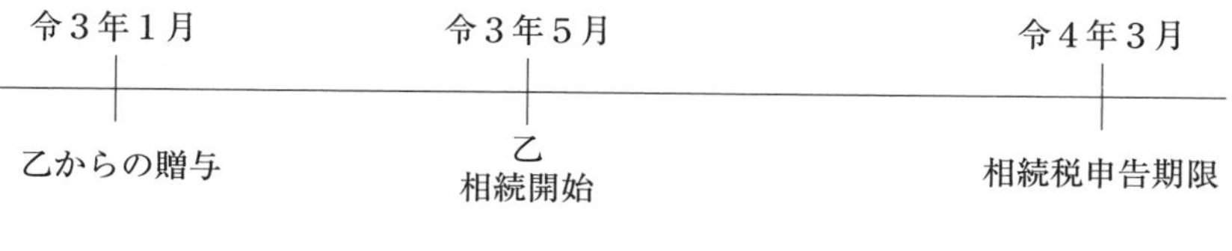

答

小規模宅地等の特例の適用は受けられません。

解　説

措置法第69条の4の特例の適用は、「個人が相続又は遺贈により取得した財産……」と規定されていることから、この特例の適用のある財産取得の事由は、相続又は遺贈により取得したものに限定されることになります。

したがいまして、相続開始の年において、その相続に係る被相続人から受けた贈与により取得した財産については、相続税法上は相続税法第21条の２第４項の規定により贈与税の課税価格に算入しないで、相続税法第19条の規定により相続税の課税価格に加算されることになりますが、民法上はあくまでも贈与による取得であり相続又は遺贈による取得ではありませんのでこの特例の適用がありません。

なお、相続開始前３年以内で相続開始の年以外の年の贈与により取得した財産についても同様に適用はありません。

7 「生計を一にしている」ことの意義

問

小規模宅地等の特例の適用上、「被相続人等」とは、①被相続人若しくは②その被相続人と生計を一にしていた被相続人の親族をいうものとされておりますが、同居している子乙、子丙に相当の収入がある場合に被相続人甲と生計を一にしていたとして特例の適用が受けられるでしょうか。

答

乙及び丙が被相続人甲と同一の家屋に起居している場合は、明らかに互いに独立した生活を営んでいると認められる場合を除き、「生計を一にする」と認められると考えます。

解　説

小規模宅地等の特例の適用に際しては、条文、通達上、「生計を一にする」ことについての定義はありませんが、所得税の取扱い上、「生計を一にする」について、所得税基本通達２−47に規定があり、その考え方は、本件特例につきましても、同様の考え方になると考えます。

したがいまして、被相続人甲と子乙及び子丙がそれぞれ相当な報酬を得ていたとしても同一の家屋に起居し、寝食が共同で行われているとするならば、甲、乙、及び丙は生計を一にしていると解されます。

なお、参考までに同通達２−47はその「(2)」において独立した生計を営んでいると認められる場合を除き、生計を一にするものとする取扱いをしておりますので、甲、乙及び丙がそれぞれ独立した生活を営むものでない限り、甲、乙及び丙は生計を一にしていると考えます。

［所得税基本通達２－47の参照］

法に規定する「生計を一にする」とは、必ずしも同一の家屋に起居していることをいうものでないから、次のような場合には、それぞれ次による。

(1) 勤務、修学、療養等の都合上他の親族と日常の起居を共にしていない親族がいる場合であっても、次に掲げる場合に該当するときは、これらの親族は生計を一にするものとする。

イ 当該他の親族と日常の起居を共にしていない親族が、勤務、修学等の余暇には当該他の親族のもとで起居を共にすることを常例としている場合

ロ これらの親族間において、常に生活費、学資金、療養費等の送金が行われている場合

(2) 親族が同一の家屋に起居している場合には、明らかに互いに独立した生活を営んでいると認められる場合を除き、これらの親族は生計を一にするものとする。

8　申告期限の延長と小規模宅地等の特例の保有要件について

問

被相続人甲は、令和元年４月10日に亡くなり、相続人乙及び丙が甲の土地を相続しました。

乙は、長野県軽井沢町に所在する土地を相続し、丙は港区に所在する貸家建付地を相続しました。

その後、台風19号により災害が起きましたが、特に被害もなく準備が整いましたので、令和２年２月10日に相続税の期限内申告書を提出しました。その際、丙は港区に所在する土地について、貸付事業用地として小規模宅地等の特例を受けて申告しました。

申告後の令和２年５月10日に丙は、港区の土地を売却しました。

軽井沢町の土地を保有していたことで、今回の災害による申告期限の延長がされているようですが、特に被害もなかったので、申告期限を延長する必要がなかったため、通常の申告期限の10か月以内に申告しています。

また、売却した土地も今回の災害のあった区域ではありません。

このような場合、丙が取得した土地は保有要件を満たしているとして、小規模宅地等の特例が受けられるでしょうか。

（時系列）

①	相続開始年月日	令和元年４月10日
②	台風19号の災害	令和元年10月10日
③	当初の申告書の提出期限	令和２年２月10日 （納税地：港区）
④	港区の土地の譲渡	令和２年５月10日
⑤	措置法により延長された申告期限	令和２年８月11日

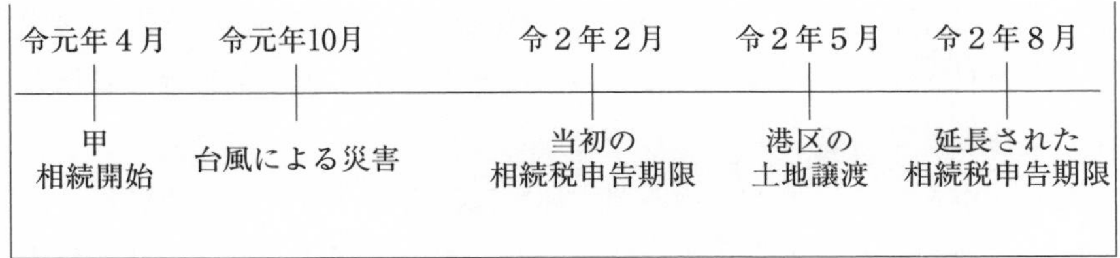

答

保有要件を満たさないこととなりますので、小規模宅地等の特例の適用は受けられません。令和２年８月11日までに訂正申告が必要と考えます。

また、申告期限が過ぎている場合は、修正申告書の提出が必要となります。

解　説

措置法第69条の８は、「同一の被相続人から相続又は遺贈により財産を取得した全ての者のうちに第69条の６第１項の規定の適用を受けることができる者がいる場合において、…相続税法第27条第１項又は第２項の規定により提出すべき申告書の…当該申告書の提出期限は、特定日とする。」と規定されています。

条文上、「第69条の６第１項の規定の適用を受けることができる者がいる場合」と規定されていることから、実際に第69条の６第１項の規定の適用を受けたか否かに関係なく、特定土地を所有していた者がいる場合は、相続人全員の申告期限が自動的に延長されてしまいます。

また、申告期限は、特定日とするとの強行規定であり、特定日とすることができるとの規定でないことから、選択の余地はありません。

そして、措置法第69条の４は、相続税法第27条の規定による申告書の提出期限まで引き続き保有することが要件とされています。

したがいまして、措置法第69条の８におきまして、「相続税法第27条第１項又は第２項により提出すべき申告書の…当該申告書の提出期限は、特定日とする」と規定されていることから、小規模宅地等の特例の保有要件の期限も延長されたものとなります。

なお、小規模宅地等の特例の創設趣旨は、事業又は住居の用に供されていた宅地のうち最小限必要な部分については、相続人等の生活基盤維持のため欠くことのできないものであって、その処分については相当に制約を受けるのが通常であることから設けられたものです。

そして、平成６年に改正されて保有要件は、相続後すぐに譲渡した土地等は、相続人等の生活基盤維持のため欠くことのできないものとは言えないことから、少なくとも相続税法の申告書の提出期限までは保有していることを要件としたものです。

したがいまして、今回の申告書の提出期限の延長が被害を受けた者への救済措置であるとしても、保有要件は趣旨が異なることから、小規模宅地等の特例の適用はないこととなります。

なお、今回の申告期限の延長措置は、別添の特定地域内にある土地等を相続又は遺贈により取得した相続人がいる場合は、その土地等が被害を受けたか否かに関係なく申告期限が延長されますので、相続財産のうちに下記の土地等を所有する場合は、小規模宅地等の特例の保有要件が相続開始から10か月以上になることとなりますので、ご注意ください。

また、今後も災害等により、申告期限が延長される場合は、同様の取扱いとなりますので、小規模宅地等の特例の適用を受けた土地を譲渡する場合には、保有要件である申告期限の確認が必要となります。

「特定地域」とは、特定非常災害により被災者生活再建支援法第３条第１項の規定の適用を受ける地域をいいます。「令和元年台風第19号」による災害に係る特定地域は、令和元年12月18日現在で次のとおりです。

≪特定地域≫

都道府県名	特定地域
岩手県	山田町、宮古市、釜石市、久慈市
宮城県	県内全域
福島県	県内全域
茨城県	県内全域
栃木県	宇都宮市、足利市、栃木市、佐野市、鹿沼市、小山市、那須烏山市、茂木町
群馬県	富岡市、嬬恋村
埼玉県	県内全域

都道府県名	特定地域
千葉県	県内全域
東京都	あきる野市、日の出町、檜原村、大田区、八王子市、世田谷区
神奈川県	川崎市、相模原市
新潟県	阿賀町
山梨県	上野原市
長野県	県内全域
静岡県	伊豆市、伊豆の国市、函南町

9　申告期限までに譲渡契約を締結した場合の特例の適用について

問

被相続人甲は、令和３年11月30日に相続が開始し、長男乙は、小規模宅地等の特例の適用を受ける予定の貸家建付地を相続税の納付のため、譲渡しようと考えています。

相続税の申告期限前である令和４年９月中に譲渡契約を締結し、引渡しは申告期限後の令和４年11月30日を考えています。

なお、契約の際は、手付金を２割受領し、残金は引渡し時となります。また、家賃の受領も引き渡しまでは乙が受領し、所有権移転登記に必要な書類も引渡し時となります。

また、譲渡所得の申告も引渡しベースでの申告を考えています。

この場合、小規模宅地等の特例の保有継続要件を満たさないものとして、特例の適用は受けられないのでしょうか。

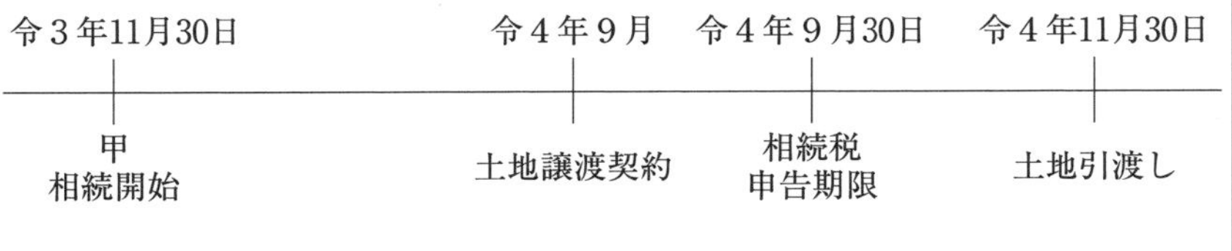

答

小規模宅地等の特例の適用が受けられると考えます。

解　説

措置法第69条の４の特例の適用上、税法又は通達におきまして、「申告期限まで引き続き当該宅地等を有していること」の具体的な規定はありません。

したがいまして、民法の考え方及び所得税基本通達に規定する（譲渡所得の総収入金額の収入すべき時期）の考え方が参考にとなると考えます。

民法の物権の移転では、売買契約締結時には、当然に所有権は移転せず、代金の支払、目的物の引渡し又は所有権移転登記などが完了された時に初めて所有権が移転するというのが有力説とされています。

そして、所得税基本通達36−12に規定する（譲渡所得の総収入金額の収入すべき時期）の取扱いにおきましてもこの考え方を採用し、原則は資産の引渡しがあった日を収入すべき時期とし、納税者の選択により、契約効力の発生の日とすることとされています。

この考え方からすると、小規模宅地等の特例の適用につきましても、引渡しがなされていなければ、契約を締結していたとしても譲渡者に所有権があると考えられますので、引渡しが相続税の申告期限後であれば、「申告期限まで引き続き当該宅地等を有していること」の要件を満たしていると考えられますので、小規模宅地等の特例の適用が受けられると考えます。

なお、所得税基本通達36−12の注書きにおきまして、譲渡代金の決済を領した日より後にはならないこととされていますので、契約時に代金の全額を受領している場合や所有権移転登記に必要な書類等を譲受人に交付している場合は、すでに引渡しがなされたと考えられますので、特例の適用は受けられないと考えます。

また、譲渡者が、契約ベースを選択して譲渡所得の申告をする場合も、特例の適用は受けられないと考えます。

10　特例の適用要件を満たしている宅地等からの選択換えについて

問

被相続人甲に相続が開始し、相続人は長男乙及び長女丙です。

乙は、Ａ宅地について特定居住用宅地等を選択し、丙は、Ｂ宅地について貸付事業用宅地等を選択して本特例を適用し、相続税の申告書を提出しました。

その後、丙の取得した別のＣ宅地の方が１m^2当たりの単価が高く、Ｃ宅地を選択したほうが、税額が少なくなることが判明しました。

そのため、更正の請求書を提出しようと思いますが、丙は改めてＣ宅地を選択して小規模宅地等の特例の適用が認められるでしょうか。

答

Ｃ宅地を選択しての特例の適用が認められないと考えます。

解　説

特例の適用対象に該当する宅地等が複数あるときは、どの土地を選択するかにつきましては、納税者の選択するところによります（措令40の２⑤）。

そして、ご質問の場合、Ａ、Ｂ、Ｃ宅地のすべてが本件特例の対象となるものであり、当初の申告において、選択したＡ及びＢ宅地は法律の規定に基づき、選択したこととなります。

したがいまして、国税通則法23条に規定する「当該申告書に記載した課税標準等若しくは税額等の計算が国税に関する法律の規定に従っていなかったこと又は当該計算に誤りがあったこと」には、該当しませんので、Ｃ宅地を選択しての更正の請求は認められないと考えます。

11 特例の適用要件を満たしていない宅地等から満たしている宅地等への選択換えについて

問

被相続人甲に相続が開始し、相続人は長男乙及び長女丙です。

乙は、A宅地について特定居住用宅地等を選択し、丙は、B宅地について貸付事業用宅地等を選択して本特例を適用し、相続税の申告書を提出しました。

その後、丙の選択したB宅地は、3年以内に取得したものであり、貸付事業用宅地等に該当しないことが判明しました。

丙の取得した別のC宅地は、3年以上前から貸付けしている宅地であり、こちらは貸付事業用宅地等に該当します。

今回、修正申告書を提出することとなりましたが、丙は改めてC宅地を選択して小規模宅地等の特例の適用が認められますか。

答

C宅地を選択しての特例の適用が認められると考えます。

解　説

B宅地につきましては、3年以内に取得したものであり、小規模宅地等の特例の貸付事業用宅地等には、該当しません。

したがいまして、修正申告書において、C宅地を選択して特例を適用することは、前問の場合と異なり、B宅地からC宅地への選択換えでなくA宅地に併せてC宅地を新たに選択して申告することとなります。

本件特例は、修正申告書においても適用が認められていること（措法69の4⑦)、及びそもそもB宅地は本件特例の適用がない宅地であることから、措置法69の4第8項の「やむを得ない事情」に該当するものとして、小規模宅地等の特例の適用が受けられると考えます。

2　居住用

1　居住用宅地のみを相続した配偶者についての適用

問

被相続人甲は自己の所有するＡ宅地の上にＢ家屋を所有しており、そのＢ家屋を居宅として配偶者乙と共に居住しておりました。

４か月前に甲が死亡しましたが、甲は遺言でＢ家屋は甲の離婚した後に死亡した妹丙の長女丁に遺贈することにしており、丁が遺贈により取得することになりました。現在、丁は独身でＡ社の社員として勤務し、Ａ社の社宅に居住しております。

Ａ宅地は被相続人甲の配偶者乙が相続することになりましたが、乙は被相続人甲の死亡後も引き続きＢ家屋に居住します。

乙と丁は、お互いにそれぞれ自己の財産となったＡ宅地とＢ家屋を使用貸借しあうことにより丁は地代を乙に支払わず、乙は丁に家賃の支払いは行わないことで合意しております。

この事例の場合、Ａ宅地を相続した配偶者乙は、小規模宅地等の特例の適用を受けることができるでしょうか。

答

Ａ宅地を相続した配偶者乙は、小規模宅地等の特例の適用を受けることができます。

解　説

配偶者乙が被相続人甲の居住の用に供されていたＢ家屋を取得していないので小規模宅地等の特例の適用に疑義をもたれたのではないかと思われますが、措置法第69条の４第３項第２号は「…被相続人等の居住の用に供されていた宅地等…で、当該被相続人の配偶者…が相続又は遺贈により取得したもの…」を「特定居住用宅地等」として小規模宅地等の課税価格の特例の適用を認めるものとしており、「家屋」と併せて取得することを適用要件としておりません。

したがいまして、小規模宅地等の特例の適用が受けられます。

２　居住用建物の工事請負契約後、建築着工前に相続が開始した場合の小規模宅地等の特例の適用について

問

父甲は、昨年の４月に、乙社との間で同じく３月に取得したＡ市の土地の上に居住用建物を建築する旨の工事請負契約を締結しましたが、その直後の５月に死亡しました。

乙社はその請負契約を基に同年６月に建築に着工し、居住用建物は12月に完成しました。

父甲の相続税の申告期限までに、その居住用建物を居住の用に供しておりますので、建築中の居住用建物として、措置法第69条の４に規定する小規模宅地等についての特例を受けることができるでしょうか。

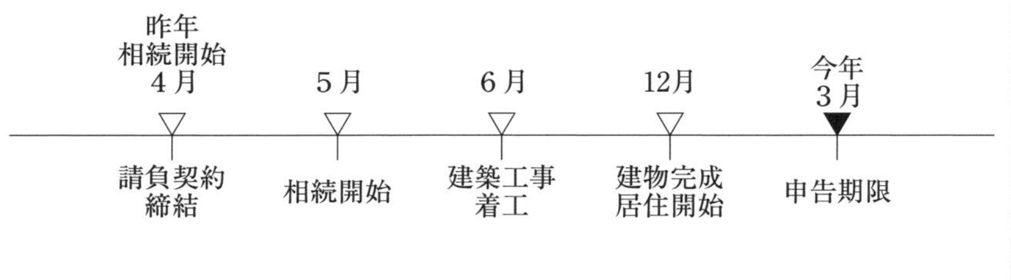

答

相続開始の直前において、居住用建物を建築する旨の工事請負契約を締結していましたが、その建物の建築工事に実際に着手していませんでしたので、居住用建物の建築中に相続が開始した場合に該当せず、小規模宅地等の特例を受けることはできないと考えます。

解　説

居住用宅地等に係る小規模宅地等の特例の適用対象は、相続開始の直前において被相続人等の居住の用に供されていた宅地等で建物等の敷地

の用に供されているものとされており、更地についてはこの特例の適用はありません。

そして、被相続人等の居住用宅地等であるかどうかの判定を相続開始直前の一時点だけで行うのは、この制度が設けられた趣旨からみて実情に即したものとはいえず、相続開始時において居住用の建物が建築中であり、相続開始の直前において居住の用に供されていない宅地等であっても、その建物が相続開始後の相当の期間内に居住の用に供されたときは、相続開始の直前に居住の用に供されていたものと同視できることから、例外的に措置法通達69の4－8で居住用の建物が建築中の場合にも、この特例の適用を受けることができることとされています。

ところで、この通達による例外的な取扱いによる場合においては、本則において先程述べたとおり、建物の敷地の用に供していることを適用要件とされていることからすると、その土地を物理的に使用していない状態のものにまでこの特例の適用が認められるものでなく、その土地が居住用の建物の敷地として使用されていることが確実となったと認められる状態になっているものについてのみ、その特例の適用が認められるのが相当と考えられます。

このことからすると、措置法通達69の4－8でいう「建築中」とは、その土地が建物の敷地の用に供されることが確定的になったと認められるとき、すなわち、その土地において建物の建築工事に着手された時から建築完了の時までをいうものと考えられます。

したがいまして、ご質問の場合、相続開始の直前において、居住用建物を建築する旨の工事請負契約を締結していましたが、その建物の建築工事に実際に着手していませんでしたので、居住用建物の建築中に相続が開始した場合に該当せず、小規模宅地等の特例を受けることはできないと考えます。

なお、新たな土地の取得でなく、従前に居住の用に供していた土地に建物を建て替える場合で、契約から建築工事に着工する前に相続が開始した場合は、居住の継続性の観点から特定居住用宅地等に該当すると考えます。

3　二世帯住宅の敷地についての小規模宅地等の特例の適用について

問

被相続人である父甲の所有する宅地の上に相続人である長男乙が、いわゆる二世帯住宅（区分タイプ）を建築し、それぞれの家族が居住していました。

父甲が死亡したことに伴い、この土地を長男乙が相続し、建物すべてを長男乙が居住用として使用する場合、小規模宅地等の特例の適用を受けることができるでしょうか。

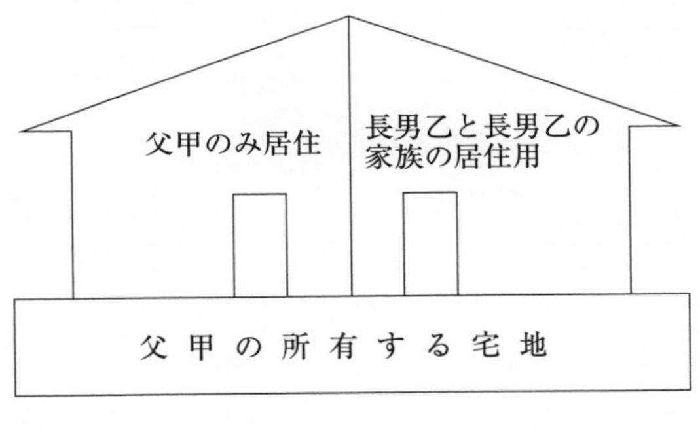

答

区分所有タイプの二世帯住宅ですので、それぞれが区分所有している場合は、長男乙が生計を一にしていると認定されない限り、小規模宅地等の特例の適用は受けられません。

解　説

措置法第69条の４第３項第２号イに規定する当該被相続人の居住の用に供されていた家屋に居住していた者とは、相続開始の直前において当該家屋で被相続人と共に起居していた者をいうものとされており、生計を一にするものとは異なります（措通69の４−21）。

したがいまして、ご質問のように区分タイプの二世帯住宅の場合には、原則として、被相続人（父）と共に起居していたことにはならないと考えられます。

ご質問の場合、二世帯住宅を区分所有していたのか、父甲が全部所有していたかにより適用が異なります。

当該家屋を区分所有することなく父甲が所有していた場合は、居住の用に供されていた部分には、被相続人の親族が居住していた部分が含まれますので、敷地全体について、小規模宅地等の特例の適用が受けられます。

しかしながら、区分所有の場合は、父と長男が生計を一にしていたのであれば、長男の所有部分に対応する部分は生計を一にする親族の居住の用に供していた部分として特例の対象となりますが、生計を別にしていた場合は、同居親族となりませんので、すべてが小規模宅地等の特例の対象となりません。

4 相続開始前３年以内に自己又は配偶者の所有する家屋に居住したことがない者

問

私は、父甲の死亡により、それまで父甲が１人で居住していた父所有の家屋及び敷地を相続により取得しました。私は、父甲が死亡する５年前に家屋及びその敷地を購入し家族と住んでいましたが、購入後１年して転勤となったため、私の自宅を知人に貸し付け、以後社宅に居住しておりました。

この場合、私が相続した家屋及びその敷地を相続税の申告期限まで引き続き所有すれば特定居住用宅地等として80％の減額を受けることができるでしょうか。

答

特定居住用宅地等として小規模宅地等の特例の適用が受けられます。

解　説

被相続人の居住の用に供されていた宅地を相続又は遺贈により取得した者のなかに、相続開始前３年以内に国内にある自己又は自己の配偶者の所有する家屋に居住したことがない者で、相続開始の時に、取得者が居住している家屋を一度も所有したことがなく、相続開始時から相続税の申告期限までその宅地を所有する者がいる場合には、その宅地は特定居住用宅地等として80％の減額を受けることができることとされています（措法69の４③二ロ）。

この場合には、その居住用宅地の上に存する被相続人の居住用家屋に居住することは要件とされていませんが、これは、会社の勤務の都合等により被相続人と同居できなかった者にも特例の適用を認めようとする趣旨であると思われます。

　また、この要件に該当して80％の減額が受けられるのは、被相続人の配偶者又は相続開始直前において被相続人の居住していた家屋に同居親族がいない場合に限られ、この場合の宅地の取得者からは、制限納税義務者のうち日本国籍を有しない者を除くこととされています（措法69の４③二ロのかっこ書）。

　ご質問の場合、あなたは、相続開始５年前に自宅を取得して自己の所有する家屋に居住したことがあることになり、その後の転勤により、相続開始前３年の期間内においては、自宅を知人に貸し付けており、「所有」はしているものの「居住」はしていないため、あなたは、先程述べた「相続開始前３年以内に国内にあるその者又はその者の配偶者の所有する家屋に居住したことがない者」に該当するため、上記の「また、」の部分の要件が満たされれば特定居住用宅地等の80％の減額を受けることができます。

5　居住用家屋を取り壊している間に相続が開始した場合の特例の適用について

問

農業を営んでいた被相続人である父甲は、今年４月15日に亡くなりましたが、生前より自宅の建替えを検討していました。

新築する建物の工事請負契約を締結する前でしたが、雨漏り等自宅建物（藁葺きの家）の老朽化が著しかったため、同年４月１日に建物を取り壊し、自宅敷地（1,500 m²）にプレハブの建物を建て、中の家財道具等はそこに保管しておりました。この間、父甲は入院していたため、父甲の回復を待って具体的な建物の設計・建築に取り掛かろうとしていました（退院後の状況によっては、いわゆるバリアフリー等建物の設計の工夫も必要なので）。

また、父甲と同居していた子乙は、自宅建物を取り壊した後、現在も自宅敷地のプレハブ建物に住んでいます。

このような状況の時に父が急逝したため、建物を取壊しプレハブ建物のまま現在に至っています。

このような状況下で、この自宅敷地につき小規模宅地等の特例を適用することができるでしょうか。

答

被相続人甲は、プレハブ建物に居住していると認められますので、相続人乙が相続税の申告期限までプレハブに居住していれば、特例の適用が受けられます。

なお、申告期限までに建て替えた場合であっても、措置法通達69の４－19の要件を満たせば特例の適用が受けられます。

解　説

この事例については、父甲の生活の本拠と認められるプレハブに居住していると考えられ、相続人乙もプレハブに居住していますので、その後、新しい建物を建築したとしても、措置法通達69の４−19の要件を満たせば、小規模宅地の特例の適用は認められるものと考えます。

6　私道に対する小規模宅地等の特例の適用について

問

甲は図のとおり、公道に面した宅地と通り抜けできない私道を所有しております。

宅地は居住用宅地として使用しておりますが、建物の構造上、建物への出入りは公道ではなく私道通路として通行しております。このような私道は「居住用家屋の維持・効用を果たすために必要不可欠な土地」として小規模宅地の減額の特例を適用できるでしょうか。

また、適用できるとした場合、減額割合は80%でよいのでしょうか。

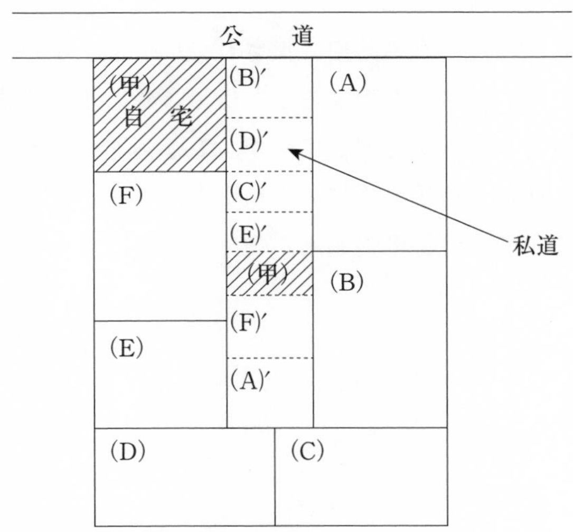

(A)～(F)、(A)′～(F)′は他人が所有しています。

答

甲の所有する私道部分については、甲の居住用宅地として小規模宅地の特例を適用することはできないと考えます。

なお、(A)以外の(B)から(F)につきましては、特例の適用が受けられると考えます。

解　説

甲の所有する土地で私道として使用されている部分は、他人が所有する部分と一体の土地として私道の用に供されております。この私道は、甲が所有する居宅のためにのみ利用されるものではなく、（Ａ）～（Ｆ）の土地の私道としても利用されており、甲の居宅敷地とは別に利用されていると言わざるを得ません。

したがいまして、この私道の用に供されている部分を甲の居住用宅地として小規模宅地の特例を適用することはできないと考えます。

なお、(A)の所有する私道も同様ですが、(B)から(F)の所有する私道につきましては、居住用の敷地の維持・効用を果たすために必要不可欠な土地と認められますので、特例の適用が受けられると考えます。

7 居住地と住民票の登録地が異なる場合の適用について

問

被相続人甲は、A地を住所地として住民登録を行い、所得税の申告もA地を住所地として申告していました。

しかし、実際に居住し、生活している所はA地から500m先の住宅と店舗のあるB地であり、そこが甲の住所というべき場所でした。

被相続人甲に相続が開始したのですが、相続税の申告は、住民票のあるA地を住所として申告するのでなく、実際に居住していたB地を住所として申告し、B地について小規模宅地等の特例の適用を受けたいと考えておりますが、添付する住民票の住所が一致しないので困惑しております。

なお、B地には長男夫婦と同居しております。

この場合、B地につきまして、小規模宅地等の特例の適用を受けることができるでしょうか。

解　説

被相続人と当該建物に同居している場合の特定居住用宅地等の特例を受ける場合の添付書類は、住民票と規定されておらず、「当該親族が当該特定居住用宅地等である小規模宅地等を自己の居住の用に供していることを明らかにする書類」（措規23の2⑧二ロ）と規定されています。

したがいまして、住民票の異動がなくても、小規模宅地等の特例を受ける宅地等を自己の居住の用に供していることを明らかにする書類を添付すれば適用ができると考えます。

被相続人がB地を居住の用に供していたことを証するためには、どのような書類を添付するかですが、居住用財産の譲渡所得の軽減税率の特例を受ける場合に、住民基本台帳に登載されていた住所が譲渡資産の所在地と異なる場合に下記の書類を添付するとの規定がありますので（措通31の３−26）、参考になると考えます。

１　その者の戸籍の附票の写し

２　その者の住民基本台帳に登載されていた住所が当該資産の所在地と異なっていた事情の詳細を記載した書類

３　その者が当該資産に居住していた事実を明らかにする書類

なお、上記３の書類としては、手紙、公共料金の領収書等が考えられます。

8 物置として利用している建物の敷地についての適用

問

相続人乙は、図の土地（350 m²）を被相続人甲の死亡により相続することになりました。家屋①は、被相続人甲が居住の用に供していた家屋です。家屋②は兼業で農業を営んでいた被相続人甲が納屋として利用していたものですが、10年ほど前に農業をやめ、相続開始の時は物置として利用しておりました。

家屋②は、少し手直しはしていますが、現状は以前のままです。登記簿上は家屋①の附属建物（物置）と表されています。この土地、建物を被相続人甲の妻乙が相続をして、小規模宅地の特例の特定居住用宅地として80％減をしようと考えています。この場合の特定居住用宅地の面積ですが、

㋑ ①と②も居住用家屋ということで、350 m²のうち330 m²まで適用する。

㋺ ①と②の面積按分で350 m²×143. 33 m²/143. 33 m²＋71. 80 m²＝233. 10 m²と計算した面積で適用する。

㋑、㋺のどちらの方法がいいのでしょうか。

物置の利用状況は、家財の置場となっているだけで、それ以外には使用しておりません。

図

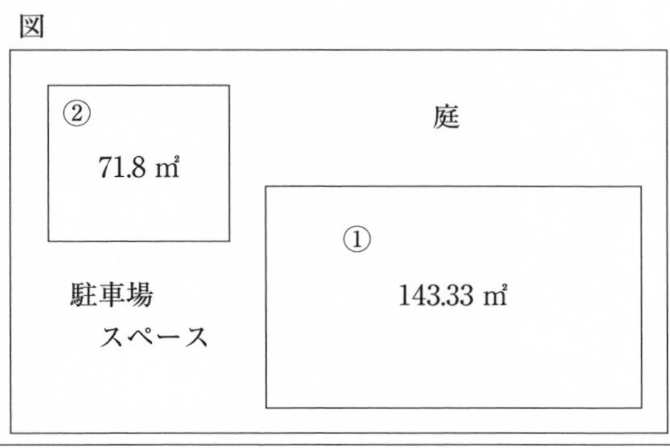

答

特定居住用宅地等として350 m² のうち330 m² まで適用できると考えます。

解　説

「②」の物置として利用している建物が相続開始時の現況において、被相続人の家事に使用する家財を収納する倉庫として利用されているのであれば、事実認定としてその建物及び敷地は被相続人甲の居住の用に供されていたものとして「㋑」によってもよいと考えます。

9　区分所有に係る建物の敷地と居住用宅地等について

問

・母甲は２年前より老人ホームに入居しています。
・自宅は４階建で、1、2Ｆは母甲、3、4Ｆは長男乙の区分所有となっており、それぞれの自宅となっています。1、2Ｆと3、4Ｆは内階段等がなく内部で行き来はできない状態です。
・老人ホームに入居後1、2Ｆは空き家の状態です。
・土地は母甲が100％所有しており、長男乙の区分所有建物に対応する部分は使用貸借です。
・母甲と長男乙は老人ホームに入居前から現在まで別生計となっています。
・相続開始の場合、この土地は長男乙が取得する予定です。
・老人ホーム入居中に死亡の場合の、その他の要件は満たすものとします。

現状では、1、2Ｆ部分の敷地は被相続人の居住用に該当するものの、長男は家なき子でないため、特定居住用宅地等の特例の適用はできないかと思います。また、3、4Ｆ部分の敷地は同一生計親族ではないため、同様に特例の適用はできないかと思います。

そこで、区分所有建物の一部をそれぞれ交換しそれぞれの部分の共有建物とした場合、相続発生後に長男乙は敷地全体について特定居住用宅地等の特例の適用を受けることができるのでしょうか。

相続開始時に建物が共有となっていても、老人ホームに入居直前では同居親族がいなかった状態でした。この時点において、母親の居住用となるものの長男は家なき子ではないため、適用はできないでしょうか。

また、仮に老人ホーム入居直前に区分所有であるものの内階段等で行き来ができた場合、老人ホーム入居中に交換等で区分所有から共有に状況が変わったとしても、相続開始時に建物が共有となっていれば特定居住用宅地等の特例の適用を受けることができるのでしょうか。

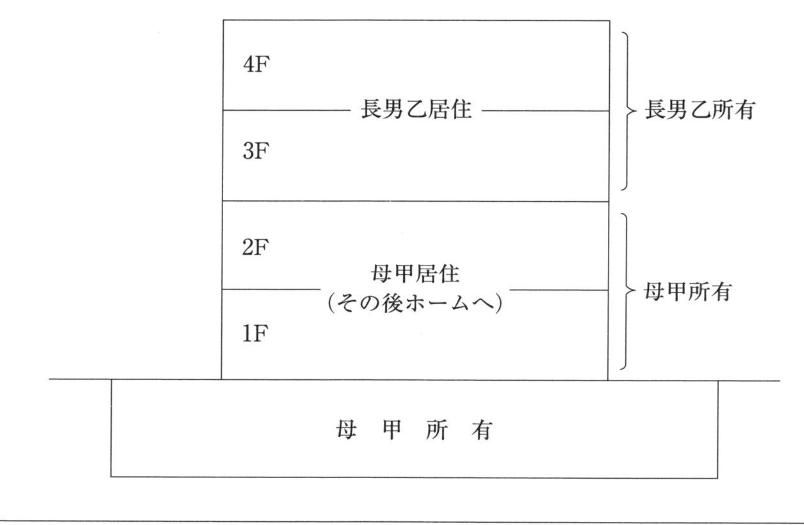

答

いずれの場合も、小規模宅地等の特例の適用は受けられません。

解　説

措置法第69条の４第３項第２号イに規定する「当該被相続人の居住の用に供されていた一棟の建物」は、当該建物が「建物の区分所有等に関する法律第１条の規定に該当する建物である場合」には、「当該被相続人の居住の用に供されていた部分」に限る旨が規定されており、更に、当該部分には当該被相続人の親族が居住していたことが適用要件として定められております（同法施行令第40条の２第13項第１号）。

したがいまして、ご質問の係る建物が区分所有に係る建物である場合において、特例の対象は被相続人等の居住の用に供されていた部分に限られ、被相続人である母親の所有に係る区分所有建物の部分に当該相続の開始直前において当該母親及び長男が共に居住（同居）していないときには、丙は、措置法第69条の４第３項第２号イの要件には該当しないということになりますので、特例の適用は受けられません。

この場合、その建物が区分所有に係る建物である限り、当該建物の内階段等により各区分所有の建物の間を自由に行き来することができる構造を有しているかどうかは問題ではありません。

また、相続の開始前に母甲の有する建物の区分所有権（1、2Ｆ部分）の一部と長男乙が有する建物の区分所有権（3、4Ｆ部分）の一部との交換をして、建物の各区分所有権を母甲と長男乙とで相互に共有持分権を有することとにした場合においても、母甲が居住の用に供していた区分所有に係る建物（1、2Ｆ部分）の共有持分権の部分に長男乙が居住していた（母甲と長男乙とが同居していた）という事実がない限り、同号イの対象となる宅地等の要件には該当しないことになります。

また、長男乙は、当該建物の区分所有権が上記のいずれに該当する場合であったとしても、自己の区分所有に係る建物の部分に居住していたことが事実である限り、長男乙は、措置法第69条の４第３項第２号ロの要件を満たす者には該当しません。

10　生計を一にする親族が有する共有に係る一棟の家屋の敷地の全部を当該親族以外の生計を一にする親族が相続した場合の特例の適用について

問

令和３年12月10日、被相続人甲は自宅で老衰のため死亡しました。

相続人は甲の長女乙、甲の孫養子丙の２人です（甲と同居で生計を一にしています）。

甲所有の土地、建物（持分：甲１/２、長女乙の夫丁１/２）を丙が相続しました。丙はずっと居住の用に供しています。

この場合、小規模宅地等の特例の適用を受けることができるでしょうか。

答

小規模宅地等の特例の適用が受けられます。

解　説

措置法第69条の４第３項第２号イで規定する特定居住用宅地等は、相続開始の直前において被相続人又は当該被相続人と生計を一にする親族が有する建物（一棟の建物）で当該被相続人及び当該親族が居住の用に供していたもの（当該敷地の使用関係又は建物の使用関係が使用貸借契約に係るものに限られます。）の敷地（宅地）を、当該親族が相続又は遺贈により取得し、相続税の申告期限まで引き続き当該宅地を所有していた場合に適用があるものと規定されております（措置法通達69の４－７）。

ご質問の事実関係では、相続の開始の直前には、被相続人甲が所有する宅地は、被相続人甲と当該被相続人甲の長女乙の夫丁との共有に係る一棟の建物の敷地として使用されており、当該建物は、当該被相続人甲及び当該被相続人と「生計を一にする」長女乙の家族が共に居住の用に供していたということのようですが、当該建物の共有持分のうち丁が有する建物（共有持分）の敷地に相当する部分の土地が当該被相続人甲との間における土地の貸借関係が使用貸借契約に基づくものであるということを前提とする限りにおいては、当該敷地の全部を長女乙が相続により取得をし、その取得後、当該宅地を当該乙が申告期限まで引き続き所有をしているなど他の適用要件に該当する限り、当該建物の敷地である全部の宅地は、特定居住用宅地等に該当することになるものと考えます。

11　小規模宅地等の特例における区分所有建物の取扱いについて

問

下記のような土地建物があります。当該建物のうち、法人所有の１階から３階部分につきましては、借地権の設定があります。

また、登記上は、建物の１階から３階部分は、法人の区分所有登記であり、４階及び５階部分は被相続人甲の区分所有登記となっており、５階は甲の居住用、４階は生計を別にする長男乙が居住しています。

この場合、４階及び５階部分はそれぞれ区分所有としていないことから、４階部分に長男乙が居住していたとしても、４階部分も含めて特定居住用宅地等に該当するのでしょうか。

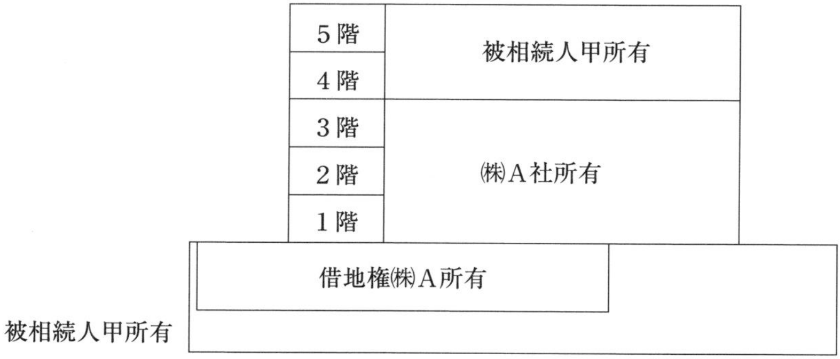

5階	被相続人甲所有
4階	
3階	㈱A社所有
2階	
1階	

借地権㈱A所有

被相続人甲所有

答

被相続人甲が居住していた５階部分の敷地のみが特定居住用宅地等として特例の対象となると考えます。

解　説

措置法通達69の4－7の4では、下記の通り規定されています。

「措置法令第40条の2第4項及び第13項に規定する「建物の区分所有等に関する法律第1条の規定に該当する建物」とは、区分所有建物である旨の登記がされている建物をいうことに留意する。

(注)　上記の区分所有物とは、被災区分所有建物の再建等に関する特別措置法（平成7年法律第43号）第2条に規定する区分所有建物をいうことに留意する。」

措置法施行令第40条の2第4項に規定する「建物の区分所有等に関する法律第1条の規定に該当する建物」とは、区分所有建物である旨の登記がされている建物とされており、「区分所有建物」とは、被災区分所有建物の再建等に関する特別措置法第2条に規定する区分所有建物をいいます。

同条は、「区分所有法第2条第3項に規定する専有部分が属する一棟の建物（以下、「区分所有建物」という。）…」とされています。

区分所有法第2条第3項は、この法律において「「専有部分」とは、区分所有権の目的たる建物の部分をいう」とされています。

したがいまして、事例の場合は、A社及び甲の専有部分が属する一棟の建物に該当すると考えられますので、4階及び5階部分を被相続人甲が区分所有していたものでなくても、当該建物自体が措置法施行令第40条の2第4項に規定する「建物の区分所有等に関する法律第1条の規定に該当する建物」に該当すると考えられます。

したがいまして、被相続人甲が居住していた5階部分のみが特定居住用宅地等として特例の対象となると考えます。

12　一棟の建物（区分所有なし）である自宅兼マンションの適用について

問

下記のように区分所有されていない一棟の自宅兼賃貸用マンションを被相続人甲が所有していました。

一階部分は、自宅として使用し、被相続人甲及び配偶者乙が居住していました。

２階から３階は、賃貸用マンションとして貸付していましたが、そのうち一部屋に生計を別にする相続人丙が居住していました。

このような場合で相続人丙が建物敷地を相続する場合、生計を別にする相続人丙が居住している部分も小規模宅地等の特例の適用ができるでしょうか。

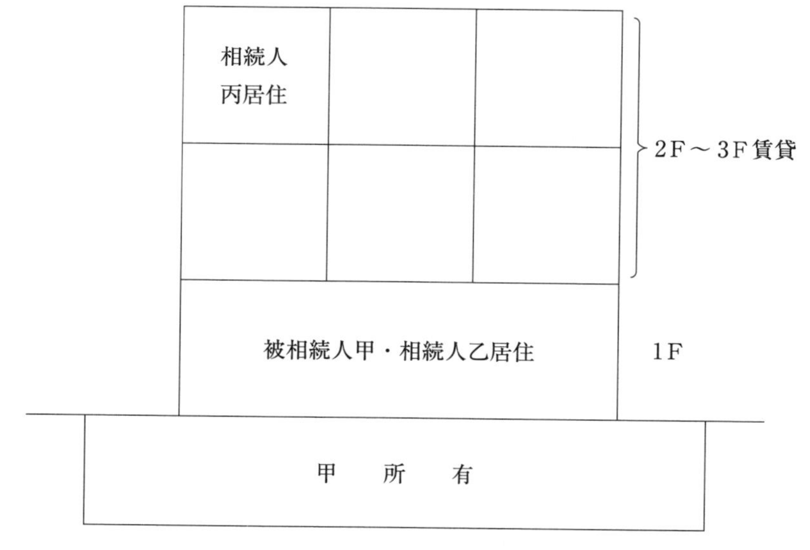

答

貸家部分以外の自宅部分の敷地につきまして、特定居住用宅地等に該当し特例の適用が受けられます。

解　説

区分所有でない一棟の建物に被相続人が居住していた場合には、被相続人が居住の用に供していた宅地等の範囲には、その敷地のうち被相続人の居住の用に供していた部分に加え、被相続人の親族（生計が別の親族も含みます）の居住の用に供されていた部分も含みます（措令40の２④)。

配偶者以外の親族が、相続開始の直前において宅地等の上に存する被相続人の居住の用に供されていた一棟の建物に居住していた者であって、相続開始時から申告期限までその宅地等を有し、かつ、その建物に居住していた場合には、その親族が取得した宅地等のうち、被相続人又は相続人の親族の居住の用に供されていた部分は特定居住用宅地等に該当します（措令40の２⑬)。

したがいまして、貸家の用に供している部分以外は、特定居住用宅地等に該当し特例の適用が受けられます。

13 「家なき親族」の親族が国外に家屋を所有している場合

問

被相続人甲は、令和４年に死亡し、相続人は子供２人でした。被相続人の自宅は、土地建物共に被相続人所有であり、一人で居住していました。

日本国籍を有している相続人乙は、オーストラリアに所在する配偶者丙の所有する家屋に居住しており、乙及び丙は日本国内には不動産を所有していません。

相続人乙が取得した被相続人の自宅は、家なき親族として小規模宅地等の特例が受けられますか。

答

「家なき親族」の他の要件等を満たせば、特例の適用ができます。

解　説

相続開始の直前において被相続人の配偶者あるいは同居の親族がいない場合に、被相続人が居住していた建物の敷地が特定居住用宅地等に該当するためには、相続開始３年以内に「自己、自己の配偶者、自己の３親等以内の親族又は自己と特別な関係がある法人の所有する家屋」に居住したことがない親族が相続又は遺贈により取得することが要件とされています。

ここにいう「自己、自己の配偶者、自己の３親等以内の親族又は自己と特別な関係がある法人の所有する家屋」とは、相続税法の施行地内にあるものとされています（措法69の４③二ロ）。

したがいまして、相続人乙の居住する配偶者丙の建物が国外にありますので、他の要件を満たせば、特例の適用ができます。

また、「当該被相続人の相続開始時に当該親族が居住している家屋を相続開始前のいずれかの時においても所有したことがないこと」の要件の家屋は、特に相続税法の施行地内にあるものとの規定はありませんが、オーストラリアの居住用家屋は乙の配偶者の所有とのことですので、当該要件も満たすこととなり、小規模宅地等の特例の適用が受けられます。

14 「家なき親族」の相続人が国外に家屋を共有で所有している場合

問

被相続人甲は、令和４年に死亡し、相続人は子供３人であった。被相続人の自宅は、土地建物共に被相続人所有であり、一人で居住していました。

日本国籍を有している相続人乙は、フランスに所在する配偶者丙と共有で所有する家屋に居住しており、乙及び丙は日本国内には不動産を所有していません。

相続人乙が取得した被相続人の自宅は、家なき親族として小規模宅地等の特例が受けられますか。

答

小規模宅地等の特例が適用はできないと考えます。

解　説

相続開始の直前において被相続人の配偶者あるいは同居の親族がいない場合に、被相続人が居住していた建物の敷地が特定居住用宅地等に該当するためには、相続開始３年以内に「自己、自己の配偶者、自己の３親等以内の親族又は自己と特別な関係がある法人の所有する家屋」に居住したことがない親族が相続又は遺贈により取得することが要件とされています。

ここにいう「自己、自己の配偶者、自己の３親等以内の親族又は自己と特別な関係がある法人の所有する家屋」とは、相続税法の施行地内にあるものとされています（措法69の４③二ロ)。

しかしながら、「当該被相続人の相続開始時に当該親族が居住している家屋を相続開始前のいずれかの時においても所有したことがないこと」の要件の家屋は、特に相続税法の施行地内にあるものとの規定がないことから、フランスの居住用家屋に自己の持分を有するとのことですので、当該要件を満たさないこととなります。

したがいまして、小規模宅地等の特例の適用が受けられないと考えます。

なお、当該被相続人の相続開始時に当該親族が居住している家屋の要件ですので、当該被相続人の相続開始時に当該親族が居住している家屋が自己の所有家屋でなければ、過去に自己名義の家屋を所有していたとしても上記の３年以内の要件を満たせば特例の適用はあります。

15　老人ホームに入居した後に居住用家屋を建て替えた場合の特例の適用について

問

被相続人甲は、自己所有の自宅から平成28年に小規模宅地等の特例の要件を満たす老人ホームに入居しました（それまでは、長男乙の家族と同居）。

平成30年に長男が当該建物を建て替えし、長男家族が居住しています（甲の部屋も用意し、年末年始等の際は、一時帰宅していました）。

その後、甲は自宅に帰宅することなく相続が開始しました。

長男乙は、当該建物及び土地を相続しましたが、被相続人等の居住の用に供されていた宅地等に該当し、小規模宅地等の特例が適用できるでしょうか。

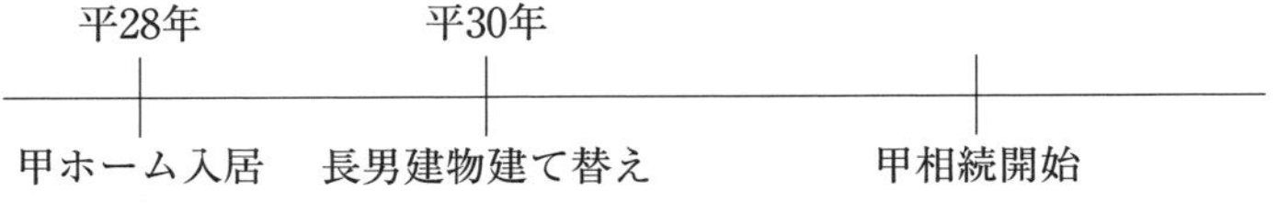

答

小規模宅地等の特例が適用できると考えます。

解　説

被相続人が、老人ホーム等に入居し、要介護認定を受けた後に相続の開始があった場合、被相続人が入居する直前に居住していた家屋の敷地は、次の要件を満たす場合に小規模宅地等の特定居住用宅地等に該当します（措令40の２②③）。

①　被相続人が老人ホーム等に入居する直前に居住の用に供していた家屋の敷地であること

② 被相続人が老人ホーム等に入居してから相続の開始があった時までの間、被相続人が居住していた家屋を事業の用又は被相続人等以外の者の居住の用に供していないこと

③ 被相続人が老人ホーム等に入居する直前に生計を一にし、かつ、被相続人と同居していた親族がいる場合には、上記の②に該当しないこと

なお、被相続人が老人ホームに入居後、入居する直前に居住の用に供していた家屋を建て替えていることから、①の要件に該当しないとも考えられますが、措置法通達69の4－8の居住用建物の建築中等に相続が開始した場合の取扱いが、居住の継続という観点から認められている趣旨から考えますと、本件も居住の継続が認められますので、次の理由から①の要件に該当すると考えます。

「被相続人が居住していた家屋の敷地であること」との要件をどのように解釈するのかですが、措通69の4－8の解説を見ますと、居住用宅地等の場合には、それがすべての者に共通して必要とされている生活基盤であることからすると、居住の継続という観点では、建築中等の建物の敷地の用に供されていた宅地等についても、現に居住の用に供されている建物の敷地の用に供されている宅地等と同様の必要性が認められるので、被相続人等の居住用宅地等であるかの判定を相続開始の直前の一時点で行うのは、この特例の設けられている趣旨からみて実情に即したものとはいえないとして、法律で規定しているものを通達で緩和しています。

このようなことから考えると、老人ホームに入居後に建て替えた場合であっても、居住の継続性からみてこの要件に該当すると考えます。

16　相続人が老人ホームに入居した場合の小規模宅地等の特例の適用について

問

甲は、令和４年10月に相続が開始しました。甲は、独身であったため、甲の相続人は甲の母乙のみでした。

甲の自宅の敷地及び建物は、甲が30年ほど前に取得したものであり、当時から今回の相続開始まで甲と乙は当該建物に居住しており、生計は一でした。

今回の相続により、当該土地建物を乙が相続しました。乙は高齢のため甲に生前は介護をしてもらっていましたが、甲が亡くなったため、相続税の申告期限前に老人ホームに入居しました。

この場合、相続税の申告期限前に乙は老人ホームに入居していますが、居住要件を具備しているとして、特定居住用宅地等に該当するのでしょうか。

答

特定居住用宅地として、小規模宅地等の特例の適用ができると考えます。

解　説

老人ホームへの入居により空き家となっていた場合の特例の適用については、現在の措置法第69条の４で明文化されていますが、平成25年の税制改正前では、その居住性については、質疑応答レベルにおいて被相続人の居住の用に供されていた宅地で差し支えないものとされていました（国税庁ホームページ質疑応答事例「相続税・贈与税」（小規模宅地等の特例）No.9 参照）。

この居住の用の考え方は、相続人の居住用要件においても同様の考え方が実情に沿ったものと考えられますので、同質疑応答集の次に掲げる状況が客観的に認められるときは小規模宅地の特例ができると考えます。

(1)　被相続人の身体又は精神上の理由により介護を受ける必要があるため、老人ホームへ入居することとなったものと認められること。

(2)　被相続人がいつでも生活できるようその建物の維持管理が行われていたこと。

(3)　入居後新たにその建物を他の者の居住の用その他の用に供していた事実がないこと。

(4)　その老人ホームは、被相続人が入居するために被相続人又はその親族によって所有権が取得され、あるいは終身利用権が取得されたものでないこと。

（注）1　上記(1)について、特別養護老人ホームの入居者については、その施設の性格を踏まえれば、介護を受ける必要がある者に当たるものとして差し支えないものと考えられます。

なお、その他の老人ホームの入居者については、入居時の状況に基づき判断します。

2　上記(2)の「被相続人がいつでも生活できるよう建物の維持管理が行われている」とは、その建物に被相続人の起居に通常必要な動産等が保管されるとともに、その建物及び敷地が起居可能なように維持管理されていることをいいます。

また、「相続開始時から申告期限までに引き続き当該建物に居住していること」の質疑として、相続人が申告期限までに海外転勤した事例があり、物理的に相続人が居住していない場合であっても、特殊事情を考慮して特例に該当するとしていますので、当該考え方は、本件の事例についても参考になると考えられます（国税庁ホームページ質疑応答事例「相続税・贈与税」（小規模宅地等の特例）No.13 参照）。

17　老人ホーム入居中に相続した宅地の適用について

問

被相続人甲は、夫乙と共に居住していましたが、令和元年４月に小規模宅地等の特例の適用のある老人ホームへ入居しました。

その後、令和３年２月に夫乙が死亡したため、乙が当該老人ホームに入居する直前に居住していた家屋及びその敷地である宅地を相続により取得しました。

被相続人甲は、相続した家屋及び敷地に戻ることなく、令和４年５月に死亡しました。

この場合、被相続人甲がホームに入居後相続により取得した宅地につきまして、特定居住用宅地等として特例の適用が受けられるでしょうか。

答

被相続人甲がホームに入居後相続により取得した宅地については、小規模宅地等の特例の適用が受けられると考えます。

解　説

被相続人が老人ホームに入居していた場合の本件特例の適用につきましては、被相続人が施設に入居する直前に居住の用に供していた宅地等の小規模宅地等の特例の適用が受けられることとされています（措法69の４、措令40の２②）。

この場合の判定として、相続により取得した宅地等が被相続人の居住の用に供されていたかの判定時期は、当該宅地等を居住の用に供されなくなった直前（ホームに入居する直前）となりますが、法令上、その判定時期の所有者は特段の規定がされていません。

したがいまして、ご質問の宅地等は、被相続人甲がホームに入居後相続により取得した宅地等であり、被相続人が施設に入居する直前においては、所有者ではなかったものの、条文上は、甲の居住の用に供していた宅地等に該当することから、小規模宅地等の特例の適用が受けられると考えます。

18　特例の適用がある老人ホームに該当しない老人ホームに入居していた場合

問

被相続人甲は、老人ホームへの入居を希望していましたが、なかなか空きがなく、一時的に老人福祉法第５条の２第５項に規定する「小規模多機能型居宅兼介護事業所」に入居していましたが、９月に相続が開始しました。

「小規模多機能型居宅兼介護事業所」は、小規模宅地等の特例の適用要件である老人ホームの特例の施設の一定の事由の入居住居等の施設の要件に該当していませんが、このような場合、被相続人甲が入居前に居住していた土地につきまして、特定居住用宅地等として特例の適用が受けられるでしょうか。

答

ご質問の場合は、小規模宅地等の特例の適用が受けられると考えます。

解　説

短期に入居していた施設の考え方ですが、下記の平成25年12月31日以前の小規模宅地等の特例における老人ホームの考え方が参考になると考えます（国税庁ホームページ・法令等・質疑応答事例・相続税・贈与税の「平成25年12月31日以前の小規模宅地等の特例における老人ホームの取扱い」参照）。

被相続人が、老人ホームに入居したため、相続開始の直前においても、それまで居住していた建物を離れていた場合において、次に掲げる状況が客観的に認められるときには、被相続人が居住していた建物の敷地は、相続開始の直前においてもなお被相続人の居住の用に供されていた宅地等に該当するものとして差し支えないものと考えられます。

(1) 被相続人の身体又は精神上の理由により介護を受ける必要があるため、老人ホームへ入居することとなったものと認められること

(2) 被相続人がいつでも生活できるようその建物の維持管理が行われていたこと

(3) 入居後新たにその建物を他の者の居住の用その他の用に供していた事実がないこと

(4) その老人ホームは、被相続人が入居するために被相続人又はその親族によって所有権が取得され、あるいは終身利用権が取得されたものでないこと

上記の考え方から判断しますと、ご質問の場合は、上記の要件を満たせば、甲の居住の用に供されていた宅地等に該当するものとして差し支えないと考えられますので、当該宅地等を取得した者が特定居住用宅地等の要件を満たせば特例の適用が受けられると考えます。

19　老人ホームに入居していた者の収入で生活していた場合の特定居住用宅地等

問

　被相続人甲は、６年前に小規模宅地等の特例の適用がある老人ホームに入居しました。

　甲は配偶者と自宅に居住していましたが、甲がホームに入居する直前に居住していた甲名義の土地建物の離れ（別棟）に、相続人乙夫婦が居住しています。

　被相続人が施設へ入居する直前において、乙夫婦の収入が少ないことから、甲の不動産収入で乙夫婦は生活していました。

　自宅は配偶者が取得しますが、離れを乙が取得します。

　この場合、乙夫婦は、被相続人と施設に入居等の直前に生計を一にしていたとして、小規模宅地等の特例の適用が受けられるでしょうか。

答

　被相続人と施設に入居等の直前に生計を一にすると考えられますので、特例の適用が受けられると考えます。

解　説

　被相続人が老人ホームに入居していた場合の取扱いの要件として、被相続人と施設に入居等の直前に生計を一にし、かつその建物に引き続き居住している親族以外の者の居住の用に供していないこととの要件があります。

　ご質問の場合、同居ではないものの、生活費等は被相続人の収入等で賄われていたことから判断しますと、被相続人と施設に入居等の直前に生計を一にしていると考えられますので、乙が取得する離れ（生計を一にしていた親族乙の居住用）としては特例の適用が受けられると考えます。

20　同居親族が被相続人とともに老人ホームに入居した場合の特例の適用について

問

被相続人甲は、妹乙と共に居住していましたが、甲が令和元年４月に乙が令和２年８月にそれぞれ小規模宅地等の特例の適用のある老人ホームへ入居しました。

被相続人甲は、令和４年５月に相続が開始し、相続人乙がホームに入居する前の家屋及び宅地を相続しました。

なお、乙は、甲と生計が別であり、家なき親族の他の要件を満たしています。

この場合、特定居住用宅地等として特例の適用が受けられるでしょうか。

答

妹乙は、特定居住用宅地等として小規模宅地等の特例の適用が受けられると考えます。

解　説

被相続人が老人ホームに入居していた場合の本件特例の適用につきましては、被相続人が施設に入居する直前に居住の用に供していた宅地等の小規模宅地等の特例の適用が受けられることとされています（措法69の４、措令40の２②）。

この場合、家なき親族の要件に「相続開始直前において被相続人と同居していた法定相続人がいないこと」の要件がありますが、乙がこの要件を満たすかが疑問となるところです。

この「相続開始直前において被相続人と同居」の要件につきましては、被相続人の「居住の用に供することができない事由」のような規定が条文上、設けられていませんので、妹乙はホームに入居していることから「相続開始直前において被相続人と同居していた法定相続人がいないこと」の要件を満たすこととなりますので、小規模宅地等の特例の適用が受けられると考えます。

21　被相続人が老人ホームに入居後、生計を別にする親族が新たに居住した場合

問

　被相続人甲は自分で所有する土地建物に配偶者乙とともに居住していましたが、乙が死亡後一人で同家屋に居住していました。

　被相続人甲には、生計を別にする子丙がいますが、丙は家族とともに社宅暮らしをしています。その後、被相続人甲は要介護認定を受け、老人ホームに入居しました。

　被相続人甲が老人ホームに入居し、空き家となったため、生計を別にする丙は被相続人甲の住んでいた家屋に転居し居住しています。

　被相続人甲に相続が開始し、丙は当該土地建物を相続により取得し、被相続人甲の相続税の申告期限まで居住しています。

　丙は、被相続人甲の相続税申告において、当該土地について、小規模宅地等の特例の適用を受けようと考えていますが可能でしょうか。

答

　特例の適用を受けることはできません。

解　説

　相続開始の直前において被相続人の居住の用に供されていなかった場合であっても、被相続人が介護認定を受けて養護老人ホームに入居していた場合など一定の場合には、その事由により居住の用に供されなくなる直前の被相続人の居住の用に供されていた宅地等も特例の対象とされます（措法69の４①）。

　しかしながら、直前の被相続人の居住の用に供されていた宅地等が事

業の用又は被相続人等（被相続人と前項各号の入居又は入所の直前において生計を一にし、かつ、同条第一項の建物に引き続き居住している当該被相続人の親族を含む。）以外の者の居住の用に供された場合は除かれています（措令40の２③)。

したがいまして、従前、被相続人甲が居住の用に供していた宅地等は、被相続人甲が老人ホームに入居した後、生計を別にする丙が居住の用に供していることから、丙の取得した土地は特例の適用対象とされる被相続人等の居住の用に供されていた宅地等には該当しませんので、小規模宅地の特例の適用を受けることはできません（措法69の４①)。

22　被相続人が老人ホームに入居後、生計を別にする親族が同居した場合

問

被相続人甲は、長男乙夫婦と同居していましたが、平成27年に老人保健施設に入居し、その後、本年死亡しました。

被相続人が居住していた家屋は、甲が入居した後も乙夫婦が居住していましたが、平成30年に乙の子供丙家族が一緒に居住するようになりました（甲と丙は生計が別）。

この場合、甲が老人ホームに入居後、甲の居住していた家屋に生計を別にする丙が新たに居住していますが、小規模宅地等の特例の適用が受けられるでしょうか。

回　答

小規模宅地等の特例の適用が受けられると考えます。

解　説

老人ホームに入居している場合の特例の適用要件に、「被相続人が居住の用に供されていた家屋を居住の用に供されなくなった後、事業の用又は新たに被相続人等以外の者の居住の用に供された宅地等を除く」と規定されています（措令40の２③）。

したがいまして、乙長男夫婦が居住している部分は特例の対象となりますが、長男の丙家族が居住の用に供されている部分は、居住の用に供されなくなる直前において生計を一にし、かつ、引き続き居住している被相続人の親族には該当せず、新たに居住の用に供された部分に該当しますので、特例の適用はないこととなります。

しかしながら、本件家屋が１棟の建物に該当するのであれば、当該被相続人の親族の居住の用に供されていた部分が含まれますので、全体が

特例の対象となると考えます（措通69の4－7（注））。

23　単身赴任中の相続人が取得した被相続人の居住用宅地等の適用

問

被相続人甲は、甲の所有する建物敷地に、甲、長男乙、その配偶者乙及び子供丙と同居していました。

この度、甲に相続が開始しましたが、相続開始日現在、長男乙は転勤で大阪に単身赴任中でした。

今回の相続で乙が本件土地建物を取得することとなりました。

乙は、相続税の申告期限においても、引き続き単身赴任中ですが、乙が取得した土地は特定居住用宅地等に該当しますか。

答

乙が取得した土地は、特定居住用宅地等に該当し、小規模宅地等の特例が受けられると考えます。

解　説

乙の配偶者及び子の日常生活の状況、その家屋への入居目的、その家屋の構造及び設備の状況等からみて当該家屋が乙の生活の拠点として利用されているといえる場合、すなわち、転勤という特殊事情が解消した時は当該家屋に戻り配偶者及び子と生活をともにすることとなる場合には、甲の相続開始の直前から申告書の提出期限まで乙の生活拠点としての居住の用に供していたとみるのが相当と考えられ甲乙は同居していたものと考えられます。

したがいまして、乙の取得した土地は特定居住用宅地等に該当し、小規模宅地等の特例が受けられると考えます。

24　入院により空き家となっていた建物の敷地についての居住用宅地等の適用

問

　被相続人甲は、相続開始２年前から病気治療のため入院していましたが、退院することなく相続が開始しました。甲が入院前まで居住していた建物は、相続開始直前まで空き家となっていましたが、退院すれば従来通りに居住できるように維持管理されていました。

　この場合、当該敷地は、相続開始直前において被相続人の居住の用に供されていた宅地等に該当しますか。

答

　相続開始直前において被相続人の居住の用に供されていた宅地等に該当すると考えます。

解　説

　病院に入院すること及び病院の機能等を踏まえますと、入院により空家となっていた期間の長短に関わらず、被相続人がそれまで居住していた建物に居住できないのは、一時的と考えるのが相当ですので、当該家屋が入院後他の用途に供するなどの特別な事情がない限り、被相続人の生活拠点は、従前の家屋に置かれていると考えるのが相当です。

　したがいまして、相続開始直前において被相続人の居住の用に供されていた宅地等に該当すると考えます。

25　母屋と離れがある場合の特定居住用宅地等の判定

問

被相続人甲の所有する自宅敷地に、母屋Ａと離れＢの家屋があり、次のように利用していました。

母屋Ａ：被相続人甲名義で登記
　　　　被相続人甲が居住
　　　　　台所、風呂、トイレ、応接間等を有する
離れＢ：相続人長男乙名義で登記
　　　　相続人長男乙家族が居住
　　　　　トイレはあるが、台所、風呂はない

なお、二棟の家屋は、おおむね３ｍ離れており、屋根付き廊下でつながっています。

このような場合、特定居住用宅地等として小規模宅地等の特例の適用を考えていますが、同居親族又は生計を一にする親族のどのアプローチで適用があるのでしょうか。

答

生計を一にする親族の居住用宅地として、敷地全体に特例を適用するのが妥当と考えます。

解　説

いわゆる同居親族が取得する特例の適用については、条文上は、「一棟の建物に居住していた者」と規定されています（措法69の４③二イ）。

本件の場合、離れには台所、風呂がないことから、同居と認定はできる可能性はあるものの、建物は二棟あることから、一棟の建物に居住していた者として被相続人の居住用宅地等として同居長男が適用することはできないと考えます。

しかしながら、二棟の建物を長男が居住用として使用していたとのことですので、生計を一にする親族の居住用宅地として、敷地全体に特例を適用するのは妥当と考えます。

26　建物が二棟ある場合の特例の適用について

問

下記のように被相続人甲の所有する土地の上に、被相続人が所有する建物が二棟あり、それぞれの建物に甲と生計を一にする相続人乙家族が居住していました。

相続人は、乙のみです。

このような場合、乙がすべての土地建物を相続しますが、全体について、小規模宅地等の特例が受けられるでしょうか。

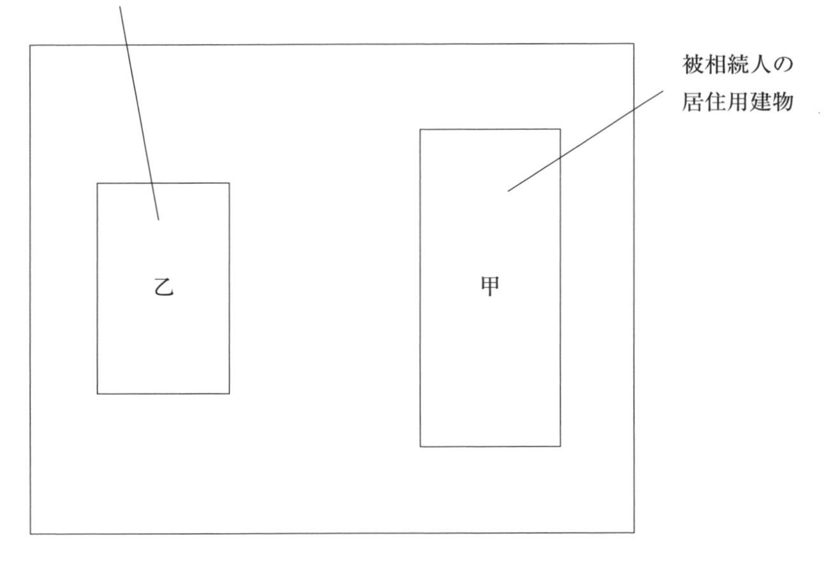

答

生計を一にしていた相続人が居住の用に供していた建物の敷地は、特定居住用宅地等に該当しますが、被相続人が居住していた建物の敷地は特定居住用宅地等に該当しません。

解　説

生計を一にしていた相続人が居住の用に供していた建物の敷地は、居住・保有継続要件を満たせば特定居住用宅地等に該当します（措法69の4③二ハ）。

しかしながら、被相続人が居住していた建物の敷地に対応する部分は、前問と違い生計を一にする親族は使用していないことから、生計を一にする親族の居住用に該当せず、また、同居の者はおらず、家なき親族に該当する者もいないことから、特定居住用宅地等の取得者要件を満たしませんので、特例の適用は受けられないと考えます。

27　被相続人の敷地を同族法人に貸借しその建物に居住している場合

問

被相続人甲が所有している土地に被相続人甲が主催する同族法人Ａ所有の５階建ての賃貸用マンションが建てられています。

Ａ法人は、無償返還の届出は提出しておらず、また、権利金の授受もなく、地代は、通常の地代よりも少し安い金額の支払がなされております。

このマンションの５階部分に被相続人甲と相続人乙が居住しており、法人に対して家賃を支払っております。

このような場合、当該敷地を乙が取得した場合、被相続人甲が居住していた部分につきまして、特定居住用宅地等として小規模宅地等の特例の適用が受けられるでしょうか。

また、甲とＡの間に地代の支払がなく、使用貸借であった場合は、特例の適用が受けられるでしょうか。

特定居住用宅地等に該当しない場合は、特例の適用はどのようになるのでしょうか。

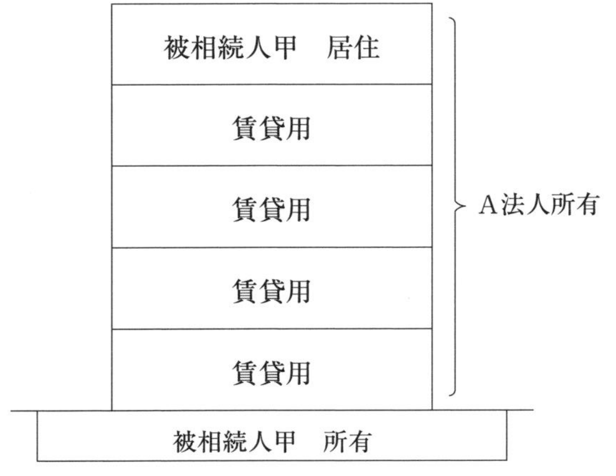

答

被相続人甲が所有している土地は、貸宅地となりますので、特定居住用宅地等には該当しません。

ただし、地代の授受があれば、貸付事業用宅地等には該当します。

解　説

当該土地は、同族法人Ａとの間に無償返還の届出はなく、賃貸借として地代の支払がありますので、法人Ａに借地権が存することとなります。

また、地代の授受がなく、使用貸借であったとしても、無償返還の届出がありませんので、借地権は法人Ａに存することとなります。

したがいまして、当該敷地は、貸宅地に該当しますので、特定居住用宅地等には該当しません。

ただし、地代の授受がある場合は、貸付事業用宅地等には該当します。

なお、同族法人が、特定同族会社事業用宅地等の要件を満たす法人であり、その事業が不動産貸付事業等でない場合は、特定同族会社の事業の用に供されている宅地等に該当し、80％の減額が受けられる可能性があります。

28　一時的な居住の場合の特定居住用宅地等の判定

問

被相続人甲は、一人で居住していましたが、一人での生活が危うくなったため、相続人である乙が１年前より同居していましたが、令和４年に相続が開始しました。

乙の夫及び子供は、別の場所の乙の夫所有の建物に居住しており、乙は甲の居住用建物に住民票は移していましたが、乙の夫の建物と行き来していました。

この場合、乙は甲と同じ建物に居住していた親族として、小規模宅地等の特例の適用が受けられるでしょうか。

答

事実認定の問題となりますが、一時的な目的で居住していたと認定されて、小規模宅地等の特例の適用が受けられない可能性が高いと考えます。

解　説

被相続人と相続人の居住の用に供されていたかどうかは、基本的には居住の用に供していた建物に生活拠点を置いていたか否かにより判定すべきと考えられ、その具体的判定に当たっては、その者の日常生活の状況、その建物への入居目的、その建物の構造及び設備の状況、生活の拠点となるべき他の建物の有無等の事実を総合勘案して判定することとなります。

したがいまして、ご質問の場合、住民票は甲の建物にあるものの、①甲の建物と乙の夫の建物を行き来していたこと、②甲の生活の面倒をみるための一時的な居住と考えられること、③生活の拠点となる他の建物が存すること等を総合的に判断すると、一時的な目的で居住していたと認定されて、小規模宅地等の特例の適用が受けられない可能性が高いと考えます。

29　特例の対象となる敷地が道を隔てて存する場合について

問

被相続人甲は、大規模マンションに居住しています。当該マンションは、道を隔てたＡとＢの宅地にそれぞれ２棟建っています。

甲が居住しているマンションはＡ棟ですが、マンションの敷地権は、Ａ及びＢの双方の宅地に設定されており、ＡＢ棟共有のごみ置き場、ポンプ室等はＢ土地にあります。

この場合、Ｂ土地の敷地権につきましても、特定居住用宅地等として特例の適用は受けられますか。

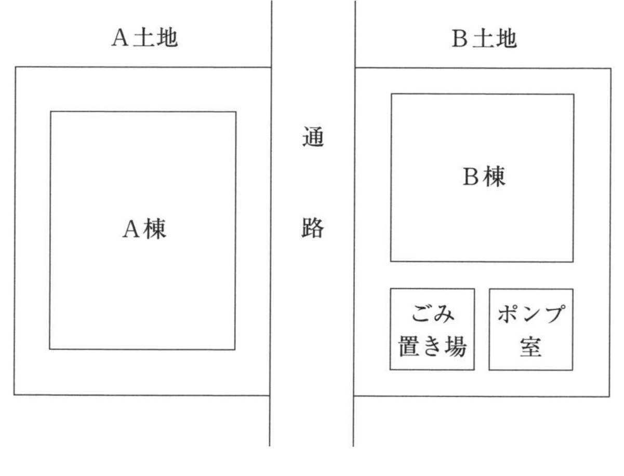

答

特定居住用宅地等として特例の適用が受けられると考えます。

解　説

ご質問のマンションの敷地権は、Ａ棟Ｂ棟が一体となって自宅マンションの敷地権を構成していると考えられますので、Ｂ土地の敷地権につきましても被相続人の居住の用に供していた宅地等として特定居住用宅地等として特例が適用できると考えます。

30　被相続人が居住の用に供されている底地を所有している場合の適用

問

被相続人甲は、夫乙と長男丙夫婦と同居しています。当該家屋は、以前から乙が所有しており借地権を有していました。

その後、地主より底地の買取りの依頼があり、甲が底地を取得しました。その際、税務署には「借地権者の地位に変更のない旨の申出書」を提出しております。

この度、母である甲が死亡しましたが、母の所有する底地について、特定居住用宅地等として小規模宅地等の特例の適用が受けられるでしょうか。

特例の他の要件は満たしています。

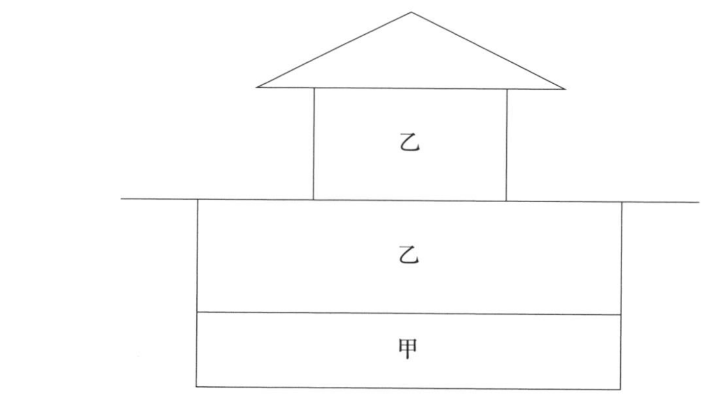

回　答

小規模宅地等の特例の適用が受けられると考えます。

解　説

土地の所有者は、被相続人甲であるものの借地権及び家屋の所有者が乙であることから、土地の評価は底地となりますので貸宅地となると、特定居住用宅地等には該当しないのではないかとの考え方があると思います。

しかしながら、甲の所有する底地は、生計を一にする親族の家屋がある底地であり、かつ、地代の授受がないとのことですので、条文上は居住の用に供している宅地等に該当することとなります。

したがいまして、小規模宅地等の特例の適用が受けられると考えます。

3　貸付

1　被相続人がその所有する建物を「特定同族会社」に使用貸借により貸し付けている場合の小規模宅地等の特例の適用について

問

父甲は、その所有する宅地の上に父甲所有の建物を建築し、この建物を私（長男）乙が主宰する同族会社（製造業）Ａに使用貸借により貸し付けており、同社はこの建物を会社の事務所として使用していましたが、２月に父が死亡しました。

父甲の相続に係る相続税の課税価格の計算上、父甲の所有する宅地について、小規模宅地等の課税の特例の適用を受けることができるでしょうか。

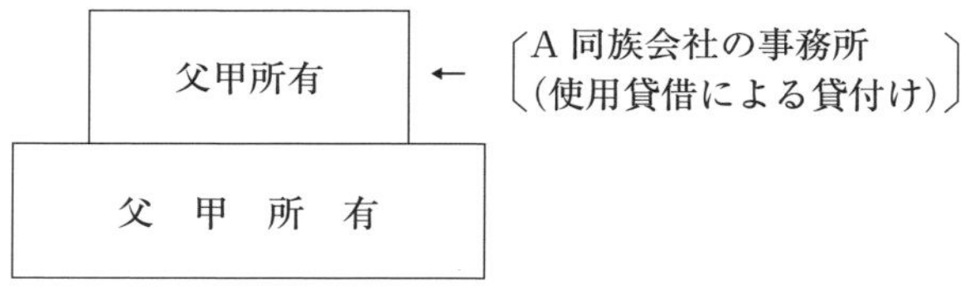

答

小規模宅地等の特例の適用は、受けられません。

解　説

措置法第69条の４第１項では、貸付事業用宅地の対象となる「事業」について、「事業（事業に準ずるものとして政令で定めるものを含む。）」と規定し、措置法施行令第40条の２第１項は、政令で定めるものとして「事業と称するに至らない不動産の貸付け（国の事業の用に供されている宅地等に係る不動産の貸付けを除く。）その他これに類する行為で相当の対価を得て継続的に行うもの」(以下「準事業」といいます。) を掲げています。

したがいまして、ご質問の場合、建物は事業及び準事業のいずれにも当たらない使用貸借により貸し付けられていますので、その建物の敷地については、小規模宅地等の課税の貸付事業用宅地の特例を適用することはできません。

また、建物の貸借が使用貸借とのことですので、特定同族会社事業用宅地等にも該当しませんので、特例の適用は受けられません。

２　駐車場として貸し付けている土地の適用について

問

不動産貸付業（駐車場）として次の①～③のように使用していた土地を「建物又は構築物の敷地の用に供されていたもの」に該当するものとして、小規模宅地等の特例を適用して50％の減額ができるでしょうか。

① アスファルト舗装もしていない更地を駐車場として貸し付けている

② 相当数の砂利を投入したうえで駐車場として貸し付けている

③ アスファルト舗装をし、立体駐車場設備を建設したうえで駐車場として貸し付けている

答

「②」及び「③」の土地は、特例の適用ができると考えられますが、「①」の土地は特例の適用はありません。

解　説

「②」及び「③」の土地は、構築物の敷地の用に供されていた土地として貸付事業用宅地等として、50％の減額はできると考えられますが、「①」のいわゆる青空駐車場の土地は構築物の敷地の用に供しているとはいえませんので、措置法第69条の４の適用はできないと考えます。

なお、「②」については、構築物と認められるような砂利であり、投入した砂利が構築物と認められないような簡易なものである場合は、その適用は認められないと考えます。

3 小規模宅地等の特例に係る「貸付事業用宅地等」の判定について

問

平成30年4月1日以降の相続に係る小規模宅地の特例（貸付事業用宅地等）に関して、相続開始前3年以内に「新たに貸付事業の用に供された」宅地等は特例の適用対象外とされました。

「新たに貸付事業の用に供された」か否かの判定は、措通69の4-24の3からは、下記の2点で判定すると読めます。

1 他用途から貸付事業に転用された場合

2 未利用の土地建物で貸付事業を開始した場合

以上の点を踏まえると、被相続人が相続開始前3年を超えて特定貸付事業を行っていないという前提で、被相続人が相続開始前3年以内に、第三者から中古の収益物件（土地・建物）を購入して、購入後、引き続きその収益物件を賃貸している場合は、その収益物件の土地に関して貸付事業用宅地等の適用がある（他用途から貸付事業への転用でもなく、未利用地での貸付事業の開始でもないため）ことになると思うのですが、特例の適用は受けられるでしょうか。

答

小規模宅地等の特例の適用はありません。

解 説

措置法通達69の4-24の3の取扱いは、被相続人が相続開始前3年以前から引き続き保有していた宅地等を当該「相続開始前3年以内に新たに貸付事業の用に供された」ものであるかどうかの判定に関する取扱いであって、相続開始前3年以内に取得した宅地等については、この取扱いの対象外のものと考えます。

したがいまして、ご質問にある相続開始前3年以内に取得をして貸し付けの用に供した宅地等（中古の賃貸用収益物件）は、措置法第69条の４第３項第４号に規定する「相続開始前３年以内に新たに貸付事業の用に供された宅地等」に該当し、同号に規定する「貸付事業用宅地等」には該当しないものと考えます。

4　相続開始後、申告期限までに一時的な空き家となった場合

問

相続人乙は、被相続人甲が賃貸していた土地建物等を相続し貸付事業用宅地等として小規模宅地等の特例の適用を受ける予定です。

相続開始から3か月後、賃貸人が退去し空き家となりました。そこで、直ちに賃貸人の募集をしていましたが、入居者が決まらないまま、相続税の申告期限を迎えてしまいました。

この場合、小規模宅地等の特例の適用が受けられるでしょうか。

答

特例の適用が受けられると考えます。

解　説

被相続人等の貸付事業の用に供されていた宅地等の取扱いにつきましては、措通69の4-24の2に規定があり、相続開始時点で一時的に賃貸されていない部分についても、特例が認められる取扱いとなっています。

この考え方は、事業継続要件につきましても同様と考えられますので、ご質問の場合は、特例の適用が受けられると考えます。

５　共有家屋である貸家の敷地の用に供されていた宅地等の特例の適用について

問

被相続人甲は、自己の所有する宅地300 m^{2}に妻乙（生計を一）との共有（甲３分の２、乙３分の１）で家屋を所有し、賃貸していました。乙の持分に係る部分の土地の貸借は使用貸借です。

この度の相続に当たり、妻乙が当該敷地及び建物を相続することとなりました。

甲の家屋の持分に対応する部分200 m^2（300 m^2× ３分の２）が貸家建付地となり、妻乙の持分に対応する部分100 m^{2}は自用地評価となることはわかっていますが、小規模宅地等の特例の適用に当たっては、妻の持分に対応する部分も貸付事業用宅地等に該当するとして特例の適用が受けられるでしょうか。

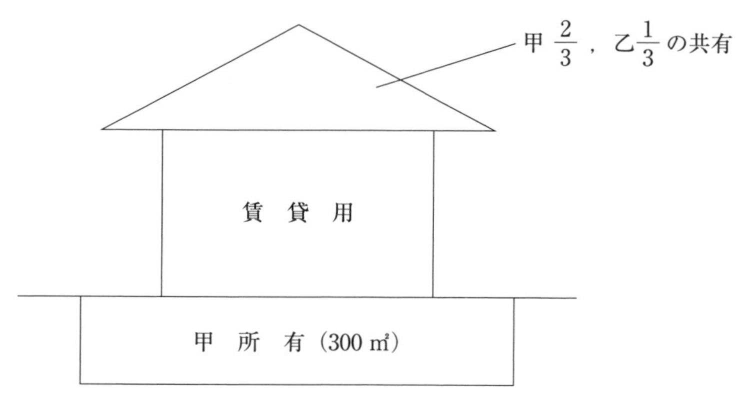

答

乙の家屋の持分に対応する部分（300 m^2× ３分の１）も特例の適用が受けられると考えます。

解　説

ご質問のとおり、乙に使用貸借で貸している部分につきましては、借家人の使用権能が及ばないと考えられていますので、自用地評価となります。

しかしながら、乙の敷地に対応する部分は、生計を一にする親族の事業の用に供されている敷地に該当しますので、自用地評価であっても特例の対象となります。

したがいまして、生計を一にする親族の事業を同人が取得し、同人が申告期限まで貸付を行い当該敷地を保有しているのであれば、乙の持分に対応する部分も特例の適用が受けられると考えます。

なお、自用地評価である乙の敷地に対応する部分100 m^2から先に適用した方が有利となりますので、自用地部分100 m^2及び貸家建付地100 m^2を特例の対象として適用を受けると良いと考えます。

６　借地権を買い取り、賃貸用建物を新築して賃貸した場合の新たな貸し付けの判定

問

被相続人甲は、２年前に長年賃貸していた土地について、借地人から借地権を買い取りました。その後、同土地の上に賃貸用建物を建築して賃貸を開始しました。

今回、相続税の申告に当たり、小規模宅地等の特例の適用を考えていますが、本件土地は、貸付事業用宅地等に該当して特例の適用が受けられるでしょうか。

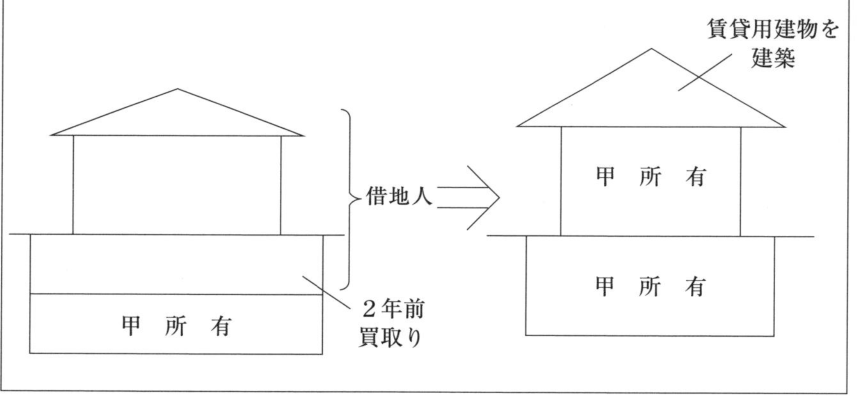

答

貸付事業用宅地等に該当しないと考えられますので、特例の適用は受けられないと考えます。

解　説

貸付事業用宅地等につきましては、相続開始前３年以内に新たに貸付事業の用に供された宅地等は、適用対象から除かれています。

したがいまして、２年前に買い取った借地権部分は対象となりません。次に底地部分についての判定ですが、この新たに貸付事業の用に供

されたか否かの判定は、措通69の4−24の3に規定があり、継続的に賃貸されていた建物等が建て替えた場合の取扱いがあります。

この考え方は、事業の継続性についての考え方で建物の建て替えがあった場合について認めていますが、ご質問の場合は、借地権を買い取ることにより、土地の賃貸借を解除し、一度自用地になり、その後、賃貸用建物を建築して賃貸しているということですから、事業の継続性は途切れていると考えられますので、特例の適用は受けられないと考えます。

7　貸付事業用宅地等の改装工事期間中に相続が開始した場合の特例の適用について

問

被相続人甲が所有していた３階建ての居宅兼貸家（区分所有なし）の敷地について、特例の適用関係をおたずねします。

１階は、貸家で２室ありましたが、１室は、相続開始４か月前に借主が退去しました。これを機会に大規模改修工事を行い２か月前に工事が完了し、直ちに賃貸の募集を開始しましたが、入居者が決まらないうちに相続が開始しました。

２階は、被相続人甲が居住していましたが、２年前に３階に移り、その後、貸家としていました。

３階は、２年前から、被相続人甲と相続人乙が居住していました。

相続人乙が建物の敷地を相続により取得しますが、小規模宅地等の特例の適用はどのようになるのでしょうか。

答

１階部分は貸付事業用宅地等に該当し、３階部分は特定居住用宅地等に該当し、小規模宅地等の特例の適用が受けられると考えますが、２階部分は特例の適用はありません。

解　説

１階部分は、相続開始時点では空き家となっている部分があり、原則では、特例の適用がないこととなりますが、事業用建物等の建築中等に相続が開始した場合（措通69の４−５）、被相続人等の貸付事業の用に供されている宅地等（措通69の４−24の２）、新たに貸付事業の用に供されたか否かの判定（措通69の４−24の３）の建替え中の取扱い及び新たに貸付事業の用に供されたことの考え方からしますと、工事完了後、直ちに募集等を行っていることから判断すると、貸付事業用宅地等に該当すると考えます。

２階部分は、３年以内に新たに貸付事業の用に供していますので、特例の適用はありません。

３階部分は、被相続人甲と相続人乙は同居していますので、特定居住用宅地等に該当し特例の適用があります。

8　家賃が減少している場合の貸付事業用宅地等の適用

問

被相続人甲は、永年、自己の主宰する同族法人に対して店舗及び事務所として賃貸していた建物を所有しています。

以前は、当該建物を月額90,000円で賃貸していましたが、コロナの影響により会社の業績が悪化し、銀行等の指導もあって、相続開始前２年ほどは月額20,000円に引き下げていました。

当該建物の貸付に伴う収支は、若干の赤字となっていますが、このような場合であっても貸家建付地として評価し、また、貸付事業用宅地等として特例の適用は受けられるでしょうか。

答

特例の適用は受けられると考えます。

回　答

事実認定の問題となりますが、法人との貸借が賃貸借を継続しており、公租公課以下の民法上の使用貸借と認定されるような状況でない限り、事業に準ずるものと考えられますので、貸家建付地の評価減を適用し、また、他の要件を満たせば小規模宅地等の特例の適用が受けられると考えます。

9　相続開始3年以内に事業的規模でなくなった場合の貸付事業用宅地等の判定

問

甲は、地上6階、地下1階建てのビルを所有しており、長年、地下1階から地上5階までを貸付し（事業的規模に該当）、6階を自己の事業に使用していました。

この度、甲が高齢となり、ビルの管理等が難しくなってきたことから、相続人乙が主催する法人Aに対して、建物のみを適正時価で譲渡する予定です。

A社は、甲が使用している6階部分も含めて適正賃料で貸し付ける予定です。

また、土地は、通常地代で賃貸借契約を締結し、無償返還届出書を税務署に提出する予定です。

このような状態で、譲渡から3年以内に甲に相続が開始した場合、甲の所有する土地につきまして、貸付事業用宅地等に該当し小規模宅地等の特例の適用が受けられるでしょうか。

答

地下1階から地上5階に対応する部分は、貸付事業用宅地等に該当すると考えられますので、特例の適用は受けられると考えます。

解　説

法人と個人の土地の賃貸で、無償返還届出書の提出がある場合であっても、その契約が賃貸借契約であり、使用貸借でなければ土地の評価は80%相当となり特例の適用対象とはなります。

ご質問では、建物をすべてA法人に譲渡するとのことですので、譲渡した後、甲は、土地の賃貸のみが不動産所得の対象となります。

そして、甲は事業的規模の建物の貸付けから土地の貸付けに貸付形態が変わったため、３年間は新たな貸し付けに該当するとも考えられます。

しかしながら、新たに貸付事業の用に供されたか否かの判定である措通69の４−24の３の文言を読む限りでは、貸付事業の用から貸付事業の用の場合は、貸付形態が変わったとしてもいいように読み取れます。

そうすると、６階部分以外に対応する部分は、新たな貸し付けとならないことから、特例の適用が可能と考えます。

なお、６階部分に対応する部分は、新たな貸し付けとなると考えられ、また、特定貸付事業が引き続き行われていない場合に該当しますので、特例の適用ができないと考えます（措通69の４−24の５）。

なお、甲が他にも貸付不動産を所有しており、当該建物を譲渡した後も事業的規模の特定貸付事業に該当している場合は、Ａ法人に賃貸しているすべての敷地につきまして、貸付事業用宅地等に該当しますので特例の適用が受けられると考えます（措法69の４③四、措令40の２㉑、措通69の４−24の４）。

10 一次相続と二次相続がある場合の貸付期間の判定

問

被相続人甲が令和３年に取得し、貸し付けているＡ宅地等がありました。その後、令和４年に甲に相続が開始し、相続人乙が当該宅地を取得し貸し付けていましたが、その１年後に乙に相続が開始しました。

この場合、当該宅地は甲及び乙の貸付期間が通算で２年にしかならないため、貸付事業用宅地等として小規模宅地等の特例は受けられないのでしょうか。

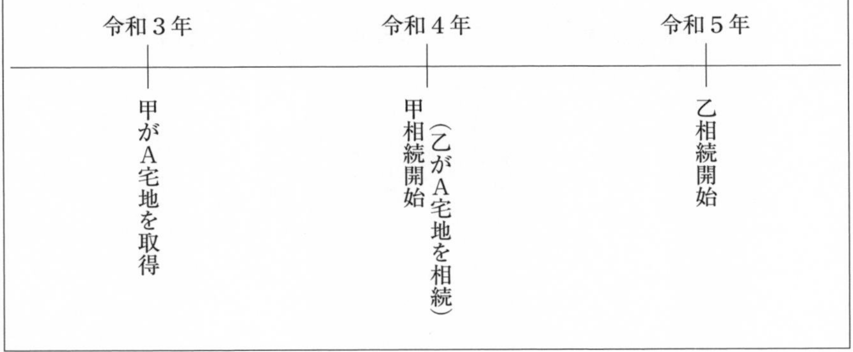

答

小規模宅地等の特例の適用が受けられます。

解　説

貸付事業用宅地等につきましては、相続開始３年以内の貸付した宅地等は適用されないこととされていますが、本件のように二次相続で適用する場合で一次相続から引き継いだ宅地等がある場合、通算して３年を超えていないと適用がないとも考えられます。

しかしながら、措置法施行令第40条の２第９項では「被相続人が相続開始前３年以内に開始した相続又はその相続に係る遺贈により法第69条の４第３項第１号に規定する事業の用に供されていた宅地等を取得し、かつ、その取得の日以後当該宅地等を引き続き同号に規定する事業の用に供していた場合における当該宅地等は、同号の新たに事業の用に供された宅地等に該当しないものとする」と規定されています。

この規定は、特定事業用宅地等の場合の規定ですが、同40条の２第20項におきまして「第９項の規定は、被相続人の貸付事業に用に供されていた宅地等について準用する。」とされています。

したがいまして、一次相続で取得した宅地等は、新たに事業の用に供された宅地等に該当しないものとされますので、貸付期間が一次相続と二次相続の通算で３年を経過していなくとも適用ができることとなります。

11　一次相続と二次相続がある場合の特定貸付事業期間の判定

問

被相続人甲が令和３年に取得し、Ａ建物12室を貸し付けている宅地等がありました。その後、令和４年に甲に相続が開始し、相続人乙が当該宅地を取得し貸し付けていましたが、その１年後に乙に相続が開始しました。

また、乙は、相続開始１年前に新たに取得した賃貸用Ｂ建物を一棟所有しています。

この場合、Ａ宅地及びＢ宅地は、貸付事業用宅地等として小規模宅地等の特例は受けられるでしょうか。

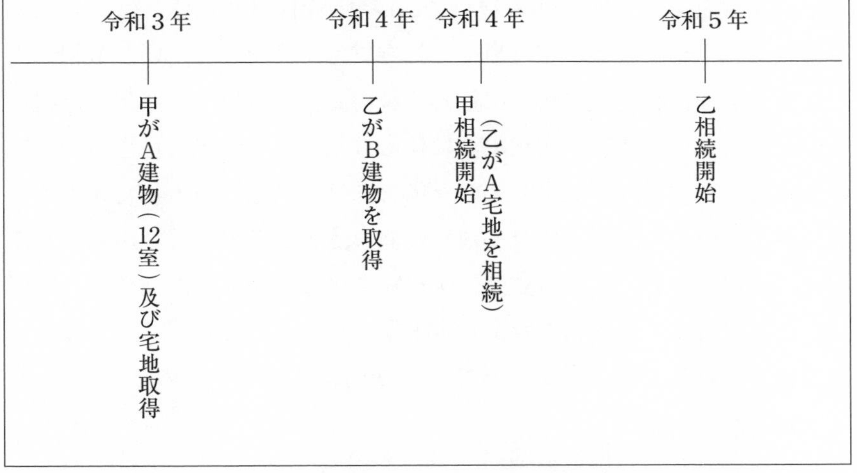

答

Ａ建物の敷地である宅地等は、小規模宅地等の特例の適用が受けられます。

しかしながら、Ｂ建物の敷地である宅地等は、小規模宅地等の特例の適用は受けられません。

解　説

先ほどの質疑の通り、一次相続で取得した宅地等は、新たに事業の用に供された宅地等に該当しないものとされますので、A建物の敷地である宅地等は小規模宅地等の特例の適用が受けられます。

しかしながら、B建物の敷地である宅地等は、乙が自ら取得した宅地等になりますので、自己が取得してから3年を経過しているかで判断することとなります。

ただし、乙は事業的規模の貸付である特定貸付事業を行っていたことになりますので、当該規定に該当すれば、B建物の敷地も該当することとなります。

一次相続と二次相続がある場合の、「特定貸付事業期間」の判定は、措置法施行令第40条の2第21項で「特定貸付事業を行っていた被相続人が、当該第一次相続人の死亡に係る相続開始前3年以内に開始した相続又は遺贈により当該第一次相続法に係る被相続人の特定貸付事業の用に供されていた宅地等を取得していた場合には、当該第一次相続人の特定貸付事業の用に供されていた宅地等に係る法第69条の4第3項第4号に規定の適用については、当該第一次相続に係る被相続人が当該第一次相続があった日まで引き続き特定貸付事業を行っていた期間は、当該第一次相続人が特定貸付事業を行っていた期間に該当するものとみなす。」と規定されています。

したがいまして、「特定貸付事業期間」の判定では、一次相続人と二次相続人の貸付期間を通算して判断することとされていますので、被相続人乙は通算して3年を超えていないこととなりますので、特例の適用上、乙は特定貸付事業期間を有している被相続人に該当しませんので、乙が1年前に取得したB建物の敷地である宅地等は、小規模宅地等の特例の適用は受けられません。

4 事業用

1 被相続人がその所有する土地について生計を一にする親族に無償で貸し付けている場合の特例の適用について

問

被相続人である父甲と生計を一にする私（長男）乙は、父甲所有の宅地の上に昭和46年に建物を建築し店舗として自己の事業を営んでいます。

この宅地の貸借関係は、無償使用でありますが、「使用貸借に係る土地についての相続税及び贈与税の取扱いについて」通達（いわゆる使用貸借通達）により、宅地は底地（貸宅地）評価となります。

この場合、小規模宅地等の課税の特例の適用を受けたいと考えていますが、減額割合はどのようになるのでしょうか。

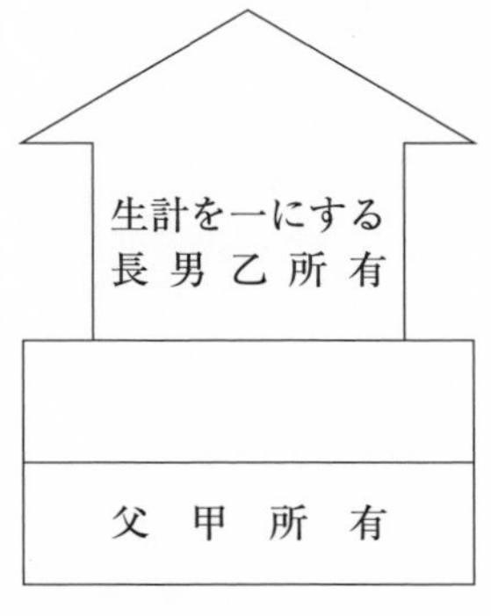

答

土地の貸借が無償である場合は、措置法第69条の４第３項第１号で定める特定事業用宅地等の要件を満たしていれば、減額割合は80％となるものと考えます。

解　説

被相続人が所有する宅地の上に生計を一にする親族の家屋があり、その親族が事業を営んでいる場合は、土地の貸借が無償による貸借である限り、生計を一にする親族の事業の用に供している宅地等として、小規模宅地等の課税の特例の対象となります。

ご質問の趣旨は、使用貸借通達により貸宅地評価となるため、貸付事業用宅地等であるとされて減額割合が50%となるのではないかとの疑問が生じたのではないかと思います。

しかし、使用貸借通達による評価は、借地権の帰属が土地所有者にあるのか建物所有者にあるのかが明らかでないことから、経過的な取扱いにより貸宅地評価をするのであり、土地の貸借が賃貸借であったことを認定するものではないと考えられます。

したがいまして、土地の貸借が無償である場合は、措置法第69条の４第３項第１号で定める特定事業用宅地等の要件を満たしていれば、減額割合は80%となるものと考えます。

2　相続税の申告期限までに転業した場合の小規模宅地等の特例の適用

問

被相続人甲は、酒類の小売業を自己の所有する宅地・建物で営んでいました。そこで、宅地・建物を相続した長男乙は、その建物を建て替え、コンビニエンスストア（酒類の販売も行う。）を経営することを計画し、申告期限までに着工する予定です。

この場合、特定事業用宅地等として80％の減額対象となるでしょうか。

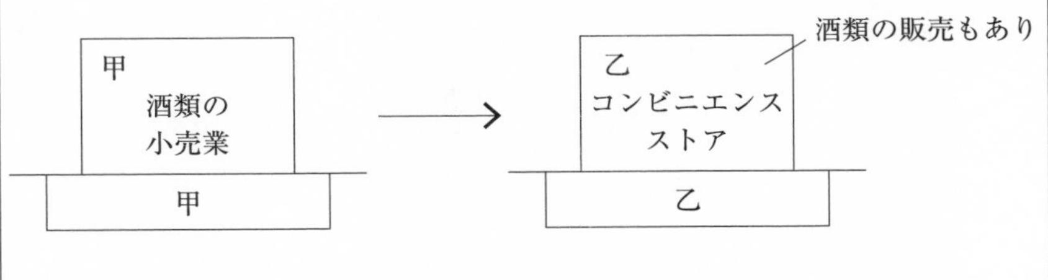

答

その敷地の全体について、特定事業用宅地等として80％の減額対象となります。

解　説

特定事業用宅地等の適用要件は、相続した親族が相続税の申告期限までの間にその宅地等の上で営まれていた事業を引き継ぎ、申告期限まで引き続きその宅地等を所有し、かつ、その事業を営んでいることが要件となっています。

この場合、相続人が相続開始後に転業しているときは、事業を引き継いだことになるのかどうかが問題となってきます。

そこで、措置法通達69の4－16において、転業があった場合の取扱いを定めており、被相続人の事業の一部を他の事業に転業しているときであっても、その親族は被相続人の事業を営んでいるものとして取り扱うこととされています。

したがいまして、ご質問の場合は、相続人の行うコンビニエンスストアにおいて、被相続人が営んでいた酒類の販売を行っていることから、一部を他の事業に転業したことと考えられるため、また、申告期限までに建物の建替えに着手していることから、その敷地の全体が特定事業用宅地等として80％の減額対象となります（措通69の４−19）。

3　特定事業用宅地等の事業継続要件について

問

被相続人甲が所有していた下記の宅地について、相続税の申告期限前に転業した場合、小規模宅地等の特例の適用が受けられるでしょうか。

① 被相続人甲が自己の事業の用（小売業）に供していた宅地について、相続人乙が相続したが、相続税の申告期限前に小売業を全部廃業し、飲食業に転業した場合

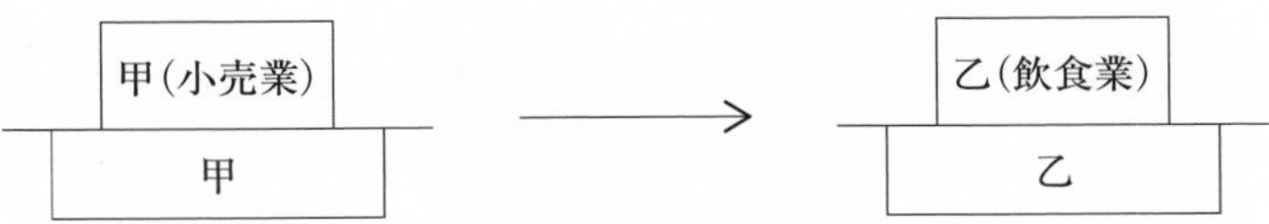

② 被相続人甲と生計を一にする相続人乙が自己の事業の用（飲食業）に供していた宅地について、相続人乙が相続したが、乙は相続税の申告期限前に飲食業を全部廃業し、小売業に転業した場合

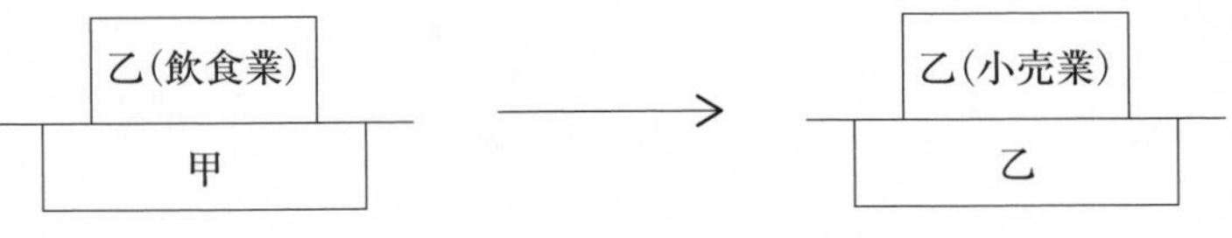

答

①の場合は、特定事業用宅地等の要件に該当しないことから、乙は小規模宅地等の特例の適用が受けられませんが、②の場合は、特定事業用宅地等の要件を満たしますので、乙は小規模宅地等の特例の適用が受けられます。

解　説

①　被相続人の事業の用に供されていた宅地等である場合は、条文上、「当該親族が相続開始時から相続税の申告期限までの間に当該宅地等の上で営まれている被相続人の事業を引き継ぎ、かつ、その申告期限まで引き続き当該事業を営んでいること」（措法69の４③一）と規定されていますので、本件相続人乙は申告期限前に被相続人の事業である小売業を全部廃業しているため、申告期限まで引き続き被相続人の事業を営んでいることの要件を満たさないこととなります。

したがいまして、乙は小規模宅地等の特例の適用が受けられません。

②　被相続人と生計を一にしていた親族の事業の用に供されていた宅地等である場合は、条文上、「相続開始前から申告期限まで引き続き、当該宅地等を自己の事業の用に供していること」（措法69の４③一ロ）と規定されていますので、本件相続人は申告期限前に飲食業から小売業に転業しているものの、相続税の申告期限まで引き続き、自己の事業の用に供していることの要件を満たすため、乙は小規模宅地等の特例の適用が受けられます。

なお、被相続人の事業の一部を他の事業に転業しているとき又は被相続人の営む２以上の事業の一部を廃止した場合の特定事業用宅地等に係る取扱いは、措通69の４−16に定めがあり、下記の様に取り扱われています。

（申告期限までに転業又は廃業があった場合）

措置法第69条の４第３項第１号イの要件の判定については、同号イの申告期限までに、同号イに規定する親族が当該宅地等の上で営まれていた被相続人の事業の一部を他の事業（同号に規定する事業に限る。）に転業しているときであっても、当該親族は当該被相続人の事業を営んでいるものとして取り扱う。

なお、当該宅地等が被相続人の営む２以上の事業の用に供されていた場合において、当該宅地等を取得した同号イに規定する親族が同号イの申告期限までにそれらの事業の一部を廃止したときにおけるその廃止に係る事業以外の事業の用に供されていた当該宅地等の部分については、当該宅地等の部分を取得した当該親族について同号イの要件を満たす限り、同号に規定する特定事業用宅地等に当たるものとする。

4　被相続人と生計を一にしていた親族の事業の用について

問

被相続人甲の相続人乙の妻丙は、被相続人甲の敷地において、事業を行っており、被相続人甲と、乙・丙は生計を一にしていました。

今回の相続において、当該敷地を相続人乙が取得することとなりましたが、当該宅地は「被相続人と生計を一にしていた被相続人の親族の事業の用に供していた宅地等」に該当し、小規模宅地等の特例の適用が受けられるでしょうか。

答

小規模宅地等の特例の適用は受けられないと考えます。

解　説

特定事業用宅地等は、措置法第69条の４第３項第一号の柱書において、「被相続人等の事業の用に供されていた宅地等」であり、ここでは生計を一にしていた親族であれば該当しますが、事業及び保有継続要件である措置法第69条の４第３項第一号ロにおいて、「当該被相続人の親族が当該被相続人と生計を一にしていた者であって、相続開始時から申告期限まで引き続き当該宅地等を有し、かつ、相続開始前から申告期限まで引き続き当該宅地等を自己の事業の用に供していること。」とされています。

したがいまして、相続人乙は保有要件を満たしますが、その事業を行っていたのは丙であり乙でないことから、自己の事業の用に供することができないため、小規模宅地等の特例の適用は、受けられないと考えます。

5 同族会社

1 同族会社に無償で貸し付けた宅地と「特定同族会社事業用宅地等」

問

被相続人甲名義の土地・建物を長男乙が相続する予定です。

被相続人と生計を一にしていた長男乙は、80％同族の会社の株式を所有している同族会社（印刷業）の代表取締役です。今後も事業を継続していきます。

これまで、同族会社は上記土地建物の地代家賃を支払っていましたが、経営が赤字となり、家賃をここ数年支払っておらず、無償で貸し付けています。そして、この同族会社は、その貸付けを受けた建物において印刷業を営んでおります。

このような場合には、その土地は「特定同族会社事業用宅地等」に該当して、小規模宅地の相続税の課税価格の特例の適用を受けることができるものと考えますがいかがでしょうか。

答

原則として、当該貸付けが無償によるものである限り、当該宅地について措置法第69条の４第３項第３号の規定による特例の適用を受けることはできません。

解　説

相続又は遺贈により取得した宅地等が、措置法第69条の４第３項第３号に規定する「特定同族会社事業用宅地等」に該当するための要件としては、当該宅地等が同条第１項に規定する被相続人等の「事業」の用に供されていたものであることとされております。そして、この場合の「事業」とは、不動産の貸付行為が事業的規模で行われていたもののほか、事業と称するに至らない不動産の貸付行為で「相当の対価を得て継続的に行うもの」（準事業）を含むものと規定されております（措令40の２①）。しかし、この「事業」には使用貸借契約等に基づく無償の貸付行為は含まれておりません（措通69の４−23⑴「かっこ書」）。

ご質問の事例では、被相続人が所有していた土地建物は無償で当該被相続人等の同族会社に貸し付けられていたということですが、その無償貸付が使用貸借契約に基づくものである場合には、当該貸付行為は、同項に規定する「事業」には該当しません。したがいまして、当該貸付けが無償によるものである限り、当該宅地について措置法第69条の４第３項第３号の規定による特例の適用を受けることはできません。

ただし、地代家賃を「数年」支払っていないということが、地代家賃が未払いとなっているに過ぎず、法的には賃貸借契約が有効に継続しており、未収の地代家賃を請求することのできる権利が存続していることが、客観的に明らかで、その地代家賃が相当な対価に該当するものである場合には、使用貸借契約に基づく無償貸付けであるということはできません。

したがいまして、ご質問にある「地代家賃はここ数年支払っておらず、無償で貸し付けています。」ということが、従前の賃貸借契約を解除して使用貸借契約を締結して「無償」で当該土地建物を当該会社に貸し付けているということである場合には、当該土地は「特定同族会社事業用宅地等」に該当する余地はありませんが、従前の賃貸借契約を解除することなく、単に賃貸料が未収となっているに過ぎないものである場合（当該被相続人に当該賃貸料に係る不動産所得が帰属している場合）には、当該宅地は「特定同族会社事業用宅地等」に該当することになるものと考えます。

この場合、甲は、不動産所得の申告をしており、法人は、支払地代を計上し、甲からの借入金として経理処理をしているものと考えます。

2　被相続人が持株を有しない場合の特定同族会社事業用宅地について

問

被相続人甲は、Ａ土地を子乙が経営する株式会社Ｙが所有及び使用しているＢ建物の敷地として貸し付けております。Ｙ社は、Ａ土地と隣接する個人丙の所有するＣ土地とを一体のものとして会社の事務所としてＡ土地を使用しております。

甲は、Ａ土地を賃貸借契約により貸し付けており、その地代について甲は不動産所得の所得税の申告をしております。被相続人甲の死亡によりＡ土地は子乙が相続することになりました。

この相続税の申告に当たり、相続人乙は小規模宅地等の特例の適用を受けたいと考えておりますが、被相続人甲はＹ社の株式のすべてをすでに乙に譲っており、相続が開始した時にはＹ社の株式は全く所有しておりません。

このような場合であっても措置法第69条の４の特例の適用が認められるでしょうか。

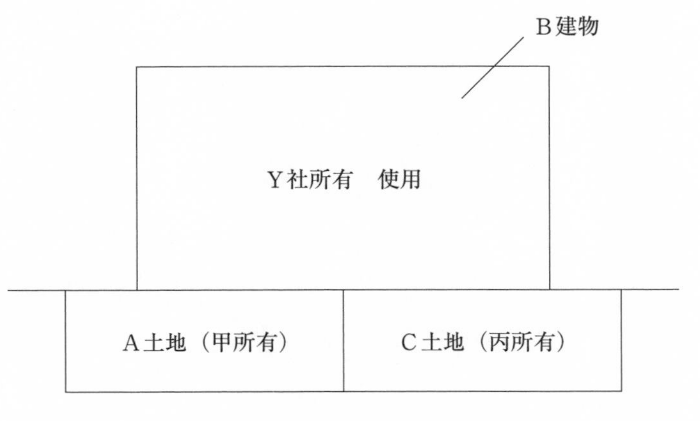

答

小規模宅地等の特例の適用が受けられます。

解　説

特定同族会社事業用宅地等の定義は、措置法第69条の４第３項第３号に定められておりますが、同号の定める規定によれば、事例のＹ社が経営する同族会社に賃貸している被相続人甲の土地は、「特定同族会社事業用宅地等」に該当します。

同族会社に該当するかどうかを判定する基礎にその会社の株式を保有しない被相続人甲は含まれないところからご照会のような懸念が生じたものと思われますが、第69条の４第３項第３号は、「……被相続人及び当該被相続人の親族その他……が有する……株式の総数が……法人の発行済株式の総数……の10分の５を超える法人……」と定めており、被相続人が株式を保有していなくても、被相続人の親族等の有する株式の総数が10分の５を超えていれば該当します。

したがいまして、小規模宅地等の特例の適用が受けられます。

3　出資持分のある医療法人に対する貸付宅地と「特定同族会社事業用宅地等」について

問

被相続人甲は、出資持分のある医療法人Ａの理事長として診療に従事していましたが、３年前に医療法人の内に歯科部門を開設するにあたり、歯科医である丙を医療法人Ａの理事長に変更しました。

その後、医科と歯科の２部門を有する医療法人として、同一建物の中で診療を行ってきましたが、令和３年11月に被相続人が死亡し相続が発生しました。

この相続における相続人は医療法人Ａの理事長である丙、次男の丁及び被相続人の配偶者である乙の３人です。

この医療法人の事業を行っている建物及びその敷地は被相続人甲の所有物であり、被相続人は医療法人Ａとの間で建物賃貸借契約を締結し家賃を得ていました。

また、この医療法人Ａの出資状況は被相続人甲が全体の80％、配偶者乙が残りの20％を所有しています。

今回の相続に当たり、被相続人甲の出資持分80％と医療法人に貸付けていた建物とその敷地を現在の理事長である丙が取得し今後も医療法人として歯科部門のみで診療を続けていくこととなりました。

相続税の申告において、小規模宅地等の特例の適用に当たり、特定同族会社の事業は継続されているものとして特定同族会社事業用宅地とすることができるでしょうか。

被相続人甲の生前においては、この医療法人の事業は医科と歯科の診療が行われており被相続人甲の死亡後は歯科の診療のみとなり、いわば事業が質的に半分となってしまった訳ですので、事業が継続していないのではという疑問が残ります。

この医療法人の事業継続要件についてご教示ください。

答

特定同族会社事業用宅地として、小規模宅地等の特例の適用が受けられると考えます。

解　説

出資持分の定めのある社団たる医療法人の出資の総額の80%に相当する額の出資持分を被相続人等が所有していた当該法人（以下「特定医療法人」といいます。）に対して当該被相続人の所有に係る宅地を当該法人の事業の用に供するために賃貸していた場合において、当該宅地を相続又は遺贈により取得した当該被相続人の親族（措置法第69条の４第３項第３号に規定する「親族」に限ります。）が、当該宅地を当該親族が相続開始の時から申告期限まで引き続き所有し、かつ、申告期限まで引き続き当該法人の事業の用に供されているもの（措置法施行令第40条の２第14項で定める部分に限ります。）である限りにおいては、当該宅地は、措置法第69条の４第３項第３号に規定する「特定同族会社事業用宅地等」に該当することになるものと考えます。

上記の場合において、当該法人の事業の範囲については、不動産貸付業その他措置法施行令第40条の２第６項で定める事業は除かれております。しかし、当該法人が営む事業の内容の継続性については、措置法第69条の４第３項第３号の適用に関して特段の適用要件としては定められておりませんので、歯科診療のみでも特例は受けられると考えます。

4 建物取得者が役員でない場合の適用について

問

被相続人甲は、令和３年10月に相続が開始し、相続人は配偶者乙及び長男丙がおります。

配偶者乙は、生計を一にする親族に該当しますが、長男丙は生計を別にしています。

甲の所有する宅地及び建物があり、甲の主宰する製造業を営むＡ法人（甲が100％株式を保有）に賃貸しています。なお、役員は、甲及び丙のみです。

今回の遺産分割協議により、宅地及びＡ法人の株式は長男丙が取得し、家屋は配偶者乙が取得します。丙は、当該宅地を使用貸借で乙に貸付け、乙は引き続きＡ法人から家賃を収受します。

この場合、当該宅地は、特定同族会社事業用宅地等として小規模宅地等の特例の適用が受けられるでしょうか。

答

特定同族会社事業用宅地等に該当し、他の要件を満たせば小規模宅地等の特例の適用があると考えます。

解　説

特定同族会社事業用宅地等の取得者要件として法人役員の要件及び保有継続の要件がありますが、当該要件は宅地等を取得した者の要件であり、建物を取得した要件ではありません。

したがいまして、当該宅地等を取得した丙が法人役員の要件を満たしており、保有継続の要件を満たしていれば、特例の適用が受けられます。

また、事業継続要件につきましては、「申告期限まで引き続き当該法人の事業の用に供されている」との要件であり、当該宅地等が特定同族会社等の事業の用に供されているという相続開始時の状態が申告期限まで継続していることですので、当該宅地等を取得した者の事業の用に供されていることを前提とはしていません。

したがいまして、建物を乙が取得したとしても、他の要件を満たせば小規模宅地等の特例の適用があると考えます。

＜参考資料＞

小規模宅地等についての相続税の課税価格の計算の特例

措法第69条の４	措令第40条の２	措規第23条の２
1　個人が相続又は遺贈により取得した財産のうちに、当該相続の開始の直前において、当該相続若しくは遺贈に係る被相続人又は当該被相続人と生計を一にしていた当該被相続人の親族（第三項において「被相続人等」という。）の事業（事業に準ずるものとして政令で定めるものを含む。同項において同じ。）の用又は居住の用（居住の用に供することができない事由として政令で定める事由により相続の開始の直前において当該被相続人の居住の用に供されていなかつた場合（政令で定める用途に供されている場合を除く。）における当該事由により居住の用に供されなくなる直前の当該被相続人の居住の用を含む。同項第二号において同じ。）に供されていた宅地等（土地又は土地の上に存する権利をいう。同項及び次条第五項において同じ。）で財務省令で定める建物又は構築物の敷地の用に供されているもののうち政令で定めるもの（特定事業用宅地等、特定居住用宅地等、特定同族会社事業用宅地等及び貸付事業用宅地等に限る。以下この条にお	1　法第六十九条の四第一項に規定する事業に準ずるものとして政令で定めるものは、事業と称するに至らない不動産の貸付けその他これに類する行為で相当の対価を得て継続的に行うもの（第七項及び第十九項において「準事業」という。）とする。 2　法第六十九条の四第一項に規定する居住の用に供することができない事由として政令で定める事由は、次に掲げる事由とする。 一　介護保険法第十九条第一項に規定する要介護認定又は同条第二項に規定する要支援認定を受けていた被相続人その他これに類する被相続人として財務省令で定めるものが次に掲げる住居又は施設に入居又は入所をしていたこと。 イ　老人福祉法第五条の二第六項に規定する認知症対応型老人共同生活援助事業が行われる	1　法第六十九条の四第一項に規定する財務省令で定める建物又は構築物は、次に掲げる建物又は構築物以外の建物又は構築物とする。 一　温室その他の建物で、その敷地が耕作（農地法第四十三条第一項の規定により耕作に該当するものとみなされる農作物の

措法第69条の4	措令第40条の2	措規第23条の2
いて「特例対象宅地等」という。）がある場合には、当該相続又は遺贈により財産を取得した者に係る全ての特例対象宅地等のうち、当該個人が取得をした特例対象宅地等又はその一部でこの項の規定の適用を受けるものとして政令で定めるところにより選択をしたもの（以下この項及び次項において「選択特例対象宅地等」という。）については、限度面積要件を満たす場合の当該選択特例対象宅地等（以下この項において「小規模宅地等」という。）に限り、相続税法第十一条の二に規定する相続税の課税価格に算入すべき価額は、当該小規模宅地等の価額に次の各号に掲げる小規模宅地等の区分に応じ当該各号に定める割合を乗じて計算した金額とする。 一　特定事業用宅地等である小規模宅地等、特定居住用宅地等である小規模宅地等及び特定同族会社事業用宅地等である小規模宅地等　百分の二十 二　貸付事業用宅地等である小規模宅地等　百分の五十 2　前項に規定する限度面積要件は、当該相続又は遺贈により特例対象宅地等を取得した者に係る次の各号に掲げる選択特例対象宅地等の区分に応じ、当該各号に	住居、同法第二十条の四に規定する養護老人ホーム、同法第二十条の五に規定する特別養護老人ホーム、同法第二十条の六に規定する軽費老人ホーム又は同法第二十九条第一項に規定する有料老人ホーム ロ　介護保険法第八条第二十八項に規定する介護老人保健施設又は同条第二十九項に規定する介護医療院 ハ　高齢者の居住の安定確保に関する法律第五条第一項に規定するサービス付き高齢者向け住宅（イに規定する有料老人ホームを除く。） 二　障害者の日常生活及び社会生活を総合的に支援するための法律第二十一条第一項に規定する障害支援区分の認定を受けていた被相続人が同法第五条第十一項に規定する障害者支援施設（同条第十項に規定する施設入所支援が行われるものに限る。）又は同条第十七項に規定する共同生活援助を行う住居に入所又は入居をしていたこと。 3　法第六十九条の四第一項に規定する政令で定める用途は、同項に規定する事業の用又は同項に規定する被	栽培を含む。次号において同じ。）の用に供されるもの 二　暗渠その他の構築物で、その敷地が耕作の用又は耕作若しくは養畜のための採草若しくは家畜の放牧の用に供されるもの 2　施行令第四十条の二第二項に規定する財務省令で定める被相続人は、相続の開始の直前において、介護保険法施行規則第百四十条の六十二の四第二号に該当していた者とする。

措法第69条の４	措令第40条の２	措規第23条の２
定める要件とする。 一　特定事業用宅地等又は特定同族会社事業用宅地等（第三号イにおいて「特定事業用等宅地等」という。）である選択特例対象宅地等　当該選択特例対象宅地等の面積の合計が四百平方メートル以下であること。 二　特定居住用宅地等である選択特例対象宅地等　当該選択特例対象宅地等の面積の合計が三百三十平方メートル以下であること。 三　貸付事業用宅地等である選択特例対象宅地等　次のイ、ロ及びハの規定により計算した面積の合計が二百平方メートル以下であること。 イ　特定事業用等宅地等である選択特例対象宅地等がある場合の当該選択特例対象宅地等の面積を合計した面積に四百分の二百を乗じて得た面積 ロ　特定居住用宅地等である選択特例対象宅地等がある場合の当該選択特例対象宅地等の面積を合計した面積に三百三十分の二百を乗じて得た面積 ハ　貸付事業用宅地等である選択特例対象宅地等の面積を合計した面積	相続人等（被相続人と前項各号の入居又は入所の直前において生計を一にし、かつ、同条第一項の建物に引き続き居住している当該被相続人の親族を含む。）以外の者の居住の用とする。 ４　法第六十九条の四第一項に規定する被相続人等の事業の用又は居住の用に供されていた宅地等のうち政令で定めるものは、相続の開始の直前において、当該被相続人等の同項に規定する事業の用又は居住の用（同項に規定する居住の用をいう。以下この条において同じ。）に供されていた宅地等（土地又は土地の上に存する権利をいう。以下この条において同じ。）のうち所得税法第二条第一項第十六号に規定する棚卸資産（これに準ずるものとして財務省令で定めるものを含む。）に該当しない宅地等とし、これらの宅地等のうちに当該被相続人等の法第六十九条の四第一項に規定する事業の用及び居住の用以外の用に供されていた部分があるときは、当該被相続人等の同項に規定する事業の用又は居住の用に供されていた部分（当該居住の用に供されていた部分が被相続人の居住の用に供されていた一棟の建物（建物の区分所有等に関する法律第一条の規定に該当する建物	３　施行令第四十条の二第四項に規定する財務省令で定める棚卸資産に準ずるものは、所得税法第三十五条第一項に規定する雑所得の基因となる土地又は土地の上に存する権利とする。

措法第69条の４	措令第40条の２	措規第23条の２
	を除く。）に係るものである場合には、当該一棟の建物の敷地の用に供されていた宅地等のうち当該被相続人の親族の居住の用に供されていた部分を含む。）に限るものとする。 ５　法第六十九条の四第一項に規定する個人が相続又は遺贈（贈与をした者の死亡により効力を生ずる贈与を含む。以下この条及び次条において同じ。）により取得した同項に規定する特例対象宅地等（以下この項、次項及び第二十四項において「特例対象宅地等」という。）のうち、法第六十九条の四第一項の規定の適用を受けるものの選択は、次に掲げる書類の全てを同条第七項に規定する相続税の申告書に添付してするものとする。ただし、当該相続若しくは遺贈又は贈与（当該相続に係る被相続人からの贈与（贈与をした者の死亡により効力を生ずる贈与を除く。）であつて当該贈与により取得した財産につき相続税法第二十一条の九第三項の規定の適用を受けるものに係る贈与に限る。第二十四項及び次条（第九項を除く。）において同じ。）により特例対象宅地等、法第六十九条の五第二項第四号に規定する特定計画山林のうち同号イに掲げるもの（以下この項及び第	

措法第69条の４	措令第40条の２	措規第23条の２
	二十四項において「特例対象山林」という。）及び当該特定計画山林のうち同号ロに掲げるもの（以下この項において「特例対象受贈山林」という。）並びに法第七十条の六の十第二項第一号に規定する特定事業用資産のうち同号イに掲げるもの（以下この項において「猶予対象宅地等」という。）及び法第七十条の六の九第一項（同条第二項の規定により読み替えて適用する場合を含む。）の規定により相続又は遺贈により取得したものとみなされた法第七十条の六の八第一項に規定する特例受贈事業用資産（以下この項において「特例受贈事業用資産」という。）のうち同条第二項第一号イに掲げるもの（同条第一項の規定の適用に係る贈与により取得をした同号イに規定する宅地等（以下この項において「受贈宅地等」という。）の譲渡につき同条第五項の承認があつた場合における同項第三号の規定により同条第一項の規定の適用を受ける特例受贈事業用資産とみなされた資産及び受贈宅地等又は当該特例受贈事業用資産とみなされた資産の現物出資による移転につき同条第六項の承認があつた場合における同項の規定により特例受贈事業用資産とみなされ	

措法第69条の４	措令第40条の２	措規第23条の２
	た株式又は持分を含む。以下この項において「猶予対象受贈宅地等」という。)の全てを取得した個人が一人である場合には、第一号及び第二号に掲げる書類とする。 一　当該特例対象宅地等を取得した個人がそれぞれ法第六十九条の四第一項の規定の適用を受けるものとして選択をしようとする当該特例対象宅地等又はその一部について同項各号に掲げる小規模宅地等の区分その他の明細を記載した書類 二　当該特例対象宅地等を取得した全ての個人に係る前号の選択をしようとする当該特例対象宅地等又はその一部の全てが法第六十九条の四第二項に規定する限度面積要件を満たすものである旨を記載した書類 三　当該特例対象宅地等、当該特例対象山林若しくは当該特例対象受贈山林又は当該猶予対象宅地等若しくは当該猶予対象受贈宅地等を取得した全ての個人の第一号の選択についての同意を証する書類 6　法第六十九条の四第一項の規定の適用を受けるものとしてその全部又は一部の選択をしようとする特例対象宅地等が配偶者居住権の	

措法第69条の４	措令第40条の２	措規第23条の２
3　この条において、次の各号に掲げる用語の意義は、当該各号に定めるところによる。 一　特定事業用宅地等　被相続人等の事業（不動産貸付業その他政令で定めるものを除く。以下この号及び第三号において同じ。）の用に供されていた宅地等で、次に掲げる要件のいずれかを満たす当該被相続人の親族（当該親族から相続又は遺贈により当該宅地等を取得した当該親族の相続人を含む。イ及び第四号（ロを除く。）において同じ。）が相続又は遺贈により取得したもの（相続開始前三年以内に新たに事業の用に供された宅地等（政令で定める規模以上の事業を行つていた被相続人等の当該事業の用に供されたものを除く。）を除き、政令で定める部分に限る。）をいう。 イ　当該親族が、相続開始時から相続税法第二	目的となつている建物の敷地の用に供される宅地等又は当該宅地等を配偶者居住権に基づき使用する権利の全部又は一部である場合には、当該特例対象宅地等の面積は、当該面積に、それぞれ当該敷地の用に供される宅地等の価額又は当該権利の価額がこれらの価額の合計額のうちに占める割合を乗じて得た面積であるものとみなして、同項の規定を適用する。 7　法第六十九条の四第三項第一号及び第四号に規定する政令で定める事業は、駐車場業、自転車駐車場業及び準事業とする。 8　法第六十九条の四第三項第一号に規定する政令で定める規模以上の事業は、同号に規定する新たに事業の用に供された宅地等の相続の開始の時における価額に対する当該事業の用に供されていた次に掲げる資産（当該資産のうちに当該事	

措法第69条の４	措令第40条の２	措規第23条の２
十七条、第二十九条又は第三十一条第二項の規定による申告書の提出期限（以下この項において「申告期限」という。）までの間に当該宅地等の上で営まれていた被相続人の事業を引き継ぎ、申告期限まで引き続き当該宅地等を有し、かつ、当該事業を営んでいること。 ロ　当該被相続人の親族が当該被相続人と生計を一にしていた者であつて、相続開始時から申告期限（当該親族が申告期限前に死亡した場合には、その死亡の日。第四号イを除き、以下この項において同じ。）まで引き続き当該宅地等を有し、かつ、相続開始前から申告期限まで引き続き当該宅地等を自己の事業の用に供していること。	業の用以外の用に供されていた部分がある場合には、当該事業の用に供されていた部分に限る。）のうち同条第一項に規定する被相続人等が有していたものの当該相続の開始の時における価額の合計額の割合が百分の十五以上である場合における当該事業とする。 一　当該宅地等の上に存する建物（その附属設備を含む。）又は構築物 二　所得税法第二条第一項第十九号に規定する減価償却資産で当該宅地等の上で行われる当該事業に係る業務の用に供されていたもの（前号に掲げるものを除く。） 9　被相続人が相続開始前三年以内に開始した相続又はその相続に係る遺贈により法第六十九条の四第三項第一号に規定する事業の用に供されていた宅地等を取得し、かつ、その取得の日以後当該宅地等を引き続き同号に規定する事業の用に供していた場合における当該宅地等は、同号の新たに事業の用に供された宅地等に該当しないものとする。 10　法第六十九条の四第三項第一号に規定する政令で定める部分は、同号に規定する被相続人等の事業の用に供されていた宅地等のうち同号に定める要件に該当する部分（同号イ又はロに掲	

措法第69条の４	措令第40条の２	措規第23条の２
二　特定居住用宅地等　被相続人等の居住の用に供されていた宅地等（当該宅地等が二以上ある場合には、政令で定める宅地等に限る。）で、当該被相続人の配偶者又は次に掲げる要件のいずれかを満たす当該被相続人の親族（当該被相続人の配偶者を除く。以下この号において同じ。）が相続又は遺贈により取得したもの（政令で定める部分に限る。）をいう。	げる要件に該当する同号に規定する被相続人の親族が相続又は遺贈により取得した持分の割合に応ずる部分に限る。）とする。 11　法第六十九条の四第三項第二号に規定する政令で定める宅地等は、次の各号に掲げる場合の区分に応じ当該各号に定める宅地等とする。 一　被相続人の居住の用に供されていた宅地等が二以上ある場合（第三号に掲げる場合を除く。）　当該被相続人が主としてその居住の用に供していた一の宅地等 二　被相続人と生計を一にしていた当該被相続人の親族の居住の用に供されていた宅地等が二以上ある場合（次号に掲げる場合を除く。）当該親族が主としてその居住の用に供していた一の宅地等（当該親族が二人以上ある場合には、当該親族ごとにそれぞれ主としてその居住の用に供していた一の宅地等。同号において同じ。） 三　被相続人及び当該被相続人と生計を一にしていた当該被相続人の親族の居住の用に供されていた宅地等が二以上ある場合　次に掲げる場合の区分に応じそれぞれ次に定める宅地等	

措法第69条の４	措令第40条の２	措規第23条の２
イ　当該親族が相続開始の直前において当該宅地等の上に存する当該被相続人の居住の用に供されていた一棟の建物（当該被相続人、当該被相続人の配偶者又は当該親族の居住の用に供されていた部分として政令で定める部分に限る。）に居住していた者であつて、相続開始時から申告期限まで引き続き当該宅地等を有し、かつ、当該建物に居住しているこ	イ　当該被相続人が主としてその居住の用に供していた一の宅地等と当該親族が主としてその居住の用に供していた一の宅地等とが同一である場合　当該一の宅地等 ロ　イに掲げる場合以外の場合　当該被相続人が主としてその居住の用に供していた一の宅地等及び当該親族が主としてその居住の用に供していた一の宅地等 12　法第六十九条の四第三項第二号に規定する政令で定める部分は、同号に規定する被相続人等の居住の用に供されていた宅地等のうち、同号の被相続人の配偶者が相続若しくは遺贈により取得した持分の割合に応ずる部分又は同号に定める要件に該当する部分（同号イからハまでに掲げる要件に該当する同号に規定する被相続人の親族が相続又は遺贈により取得した持分の割合に応ずる部分に限る。）とする。 13　法第六十九条の四第三項第二号イに規定する政令で定める部分は、次の各号に掲げる場合の区分に応じ当該各号に定める部分とする。 一　被相続人の居住の用に供されていた一棟の建物が建物の区分所有等に関	4　法第六十九条の四第三項

措法第69条の４	措令第40条の２	措規第23条の２
と。 ロ　当該親族（当該被相続人の居住の用に供されていた宅地等を取得した者であつて財務省令で定めるものに限る。）が次に掲げる要件の全てを満たすこと（当該被相続人の配偶者又は相続開始の直前において当該被相続人の居住の用に供されていた家屋に居住していた親族で政令で定める者がいない場合に限る。）。 ⑴　相続開始前三年以内に相続税法の施行地内にある当該親族、当該親族の配偶者、当該親族の三親等内の親族又は当該親族と特別の関係がある法人として政令で定める法人が所有する家屋（相続開始の直前において当該被相続人の居住の用に供されていた家屋を除く。）に居住したことがないこと。 ⑵　当該被相続人の相続開始時に当該親族が居住している家屋を相続開始前のいずれの時においても所有していたことがないこと。 ⑶　相続開始時から申告期限まで引き続き	する法律第一条の規定に該当する建物である場合　当該被相続人の居住の用に供されていた部分 二　前号に掲げる場合以外の場合　被相続人又は当該被相続人の親族の居住の用に供されていた部分 14　法第六十九条の四第三項第二号ロに規定する政令で定める者は、当該被相続人の民法第五編第二章の規定による相続人（相続の放棄があつた場合には、その放棄がなかつたものとした場合における相続人）とする。 15　法第六十九条の四第三項第二号ロ⑴に規定する政令で定める法人は、次に掲げる法人とする。 一　法第六十九条の四第三項第二号ロに規定する親族及び次に掲げる者（以下この項において「親族等」という。）が法人の発行済株式又は出資（当該法人が有する自己の株式又は出資を除く。）の総数又は総額（以下この項及び次項第五号において「発行済株式総数等」という。）の十分の五を超える数又は金額の株式又は出資を有する場合に	第二号ロに規定する財務省令で定める者は、相続税法（昭和二十五年法律第七十三号）第一条の三第一項第一号若しくは第二号の規定に該当する者又は同項第四号の規定に該当する者のうち日本国籍を有する者とする。

措法第69条の４	措令第40条の２	措規第23条の２
当該宅地等を有していること。 ハ　当該親族が当該被相続人と生計を一にしていた者であつて、相続開始時から申告期限まで引き続き当該宅地等を有し、かつ、相続開始前から申告期限まで引き続き当該宅地等を自己の居住の用に供していること。 三　特定同族会社事業用宅地等　相続開始の直前に被相続人及び当該被相続人の親族その他当該被相続人と政令で定める特別の関係がある者が有する株式の総数又は出資の総	おける当該法人 イ　当該親族の配偶者 ロ　当該親族の三親等内の親族 ハ　当該親族と婚姻の届出をしていないが事実上婚姻関係と同様の事情にある者 ニ　当該親族の使用人 ホ　イからニまでに掲げる者以外の者で当該親族から受けた金銭その他の資産によつて生計を維持しているもの ヘ　ハからホまでに掲げる者と生計を一にするこれらの者の配偶者又は三親等内の親族 二　親族等及びこれと前号の関係がある法人が他の法人の発行済株式総数等の十分の五を超える数又は金額の株式又は出資を有する場合における当該他の法人 三　親族等及びこれと前二号の関係がある法人が他の法人の発行済株式総数等の十分の五を超える数又は金額の株式又は出資を有する場合における当該他の法人 四　親族等が理事、監事、評議員その他これらの者に準ずるものとなつている持分の定めのない法人 16　法第六十九条の四第三項第三号に規定する政令で定める特別の関係がある者は、次に掲げる者とする。	

措法第69条の４	措令第40条の２	措規第23条の２
額が当該株式又は出資に係る法人の発行済株式の総数又は出資の総額の十分の五を超える法人の事業の用に供されていた宅地等で、当該宅地等を相続又は遺贈により取得した当該被相続人の親族（財務省令で定める者に限る。）が相続開始時から申告期限まで引き続き有し、かつ、申告期限まで引き続き当該法人の事業の用に供されているもの（政令で定める部分に限る。）をいう。	一　被相続人と婚姻の届出をしていないが事実上婚姻関係と同様の事情にある者 二　被相続人の使用人 三　被相続人の親族及び前二号に掲げる者以外の者で被相続人から受けた金銭その他の資産によつて生計を維持しているもの 四　前三号に掲げる者と生計を一にするこれらの者の親族 五　次に掲げる法人 イ　被相続人（当該被相続人の親族及び当該被相続人に係る前各号に掲げる者を含む。以下この号において同じ。）が法人の発行済株式総数等の十分の五を超える数又は金額の株式又は出資を有する場合における当該法人 ロ　被相続人及びこれとイの関係がある法人が他の法人の発行済株式総数等の十分の五を超える数又は金額の株式又は出資を有する場合における当該他の法人 ハ　被相続人及びこれとイ又はロの関係がある法人が他の法人の発行済株式総数等の十分の五を超える数又は金額の株式又は出資を有する場合における当該他の法人 17　法第六十九条の四第三項	5　法第六十九条の四第三項第三号に規定する財務省令で定める者は、同号に規定する申告期限において同号に規定する法人の法人税法第二条第十五号に規定する役員（清算人を除く。）である者とする。

措法第69条の4	措令第40条の2	措規第23条の2
四　貸付事業用宅地等　被相続人等の事業（不動産貸付業その他政令で定めるものに限る。以下この号において「貸付事業」という。）の用に供されていた宅地等で、次に掲げる要件のいずれかを満たす当該被相続人の親族が相続又は遺贈により取得したもの（特定同族会社事業用宅地等及び相続開始前三年以内に新たに貸付事業の用に供された宅地等（相続開始の日まで三年を超えて引き続き政令で定める貸付事業を行つていた被相続人等の当該貸付事業の用に供されたものを除く。）を除	第三号の規定の適用に当たつては、同号の株式若しくは出資又は発行済株式には、議決権に制限のある株式又は出資として財務省令で定めるものは含まないものとする。 18　法第六十九条の四第三項第三号に規定する政令で定める部分は、同号に規定する法人（同項第一号イに規定する申告期限において清算中の法人を除く。）の事業の用に供されていた宅地等のうち同項第三号に定める要件に該当する部分（同号に定める要件に該当する同号に規定する被相続人の親族が相続又は遺贈により取得した持分の割合に応ずる部分に限る。）とする。 19　法第六十九条の四第三項第四号に規定する政令で定める貸付事業は、同号に規定する貸付事業（次項において「貸付事業」という。）のうち準事業以外のもの（第二十一項において「特定貸付事業」という。）とする。 20　第九項の規定は、被相続人の貸付事業の用に供されていた宅地等について準用する。この場合において、同項中「第六十九条の四第三項第一号」とあるのは、「第六十九条の四第三項第四号」と読み替えるものとする。 21　特定貸付事業を行つてい	6　施行令第四十条の二第十七項に規定する議決権に制限のある株式として財務省令で定めるものは、相続の開始の時において、会社法第百八条第一項第三号に掲げる事項の全部について制限のある株式、同法第百五条第一項第三号に掲げる議決権の全部について制限のある株主が有する株式、同法第三百八条第一項又は第二項の規定により議決権を有しないものとされる者が有する株式その他議決権のない株式とする。 7　前項の規定は、施行令第四十条の二第十七項に規定する議決権に制限のある出資として財務省令で定めるものについて準用する。

措法第69条の４	措令第40条の２	措規第23条の２
き、政令で定める部分に限る。）をいう。 イ　当該親族が、相続開始時から申告期限までの間に当該宅地等に係る被相続人の貸付事業を引き継ぎ、申告期限まで引き続き当該宅地等を有し、かつ、当該貸付事業の用に供していること。 ロ　当該被相続人の親族が当該被相続人と生計を一にしていた者であつて、相続開始時から申告期限まで引き続き当該宅地等を有し、かつ、相続開始前から申告期限まで引き続き当該宅地等を自己の貸付事業の用に供していること。 4　第一項の規定は、同項の相続又は遺贈に係る相続税法第二十七条の規定による申告書の提出期限（以下この項において「申告期限」という。）までに共同相続人又は包括受遺者によつて分割されていない特例対象宅地等については、適用しない。ただし、その分割されていない特例対象宅地等が申告期限から三年以内（当該期間が経過するまでの間に当該特例対象宅地等が分割されなかつたことにつき、当該相続又は遺贈に関し訴えの提起がされたことその他の政令で定めるや	た被相続人（以下この項において「第一次相続人」という。）が、当該第一次相続人の死亡に係る相続開始前三年以内に相続又は遺贈（以下この項において「第一次相続」という。）により当該第一次相続に係る被相続人の特定貸付事業の用に供されていた宅地等を取得していた場合には、当該第一次相続人の特定貸付事業の用に供されていた宅地等に係る法第六十九条の四第三項第四号の規定の適用については、当該第一次相続に係る被相続人が当該第一次相続があつた日まで引き続き特定貸付事業を行つていた期間は、当該第一次相続人が特定貸付事業を行つていた期間に該当するものとみなす。 22　第十項の規定は、法第六十九条の四第三項第四号に規定する政令で定める部分について準用する。 23　相続税法施行令（昭和二十五年政令第七十一号）第四条の二第一項の規定は、法第六十九条の四第四項ただし書に規定する政令で定めるやむを得ない事情がある場合及び同項ただし書に規定する分割ができることとなつた日として政令で定める日について準用し、相続税法施行令第四条の二第二項から第四項までの規定は、法第六十九条の四第四	

措法第69条の４	措令第40条の２	措規第23条の２
むを得ない事情がある場合において、政令で定めるところにより納税地の所轄税務署長の承認を受けたときは、当該特例対象宅地等の分割ができることとなつた日として政令で定める日の翌日から四月以内）に分割された場合（当該相続又は遺贈により財産を取得した者が次条第一項の規定の適用を受けている場合を除く。）には、その分割された当該特例対象宅地等については、この限りでない。	項ただし書に規定する政令で定めるところによる納税地の所轄税務署長の承認について準用する。この場合において、相続税法施行令第四条の二第一項第一号中「法第十九条の二第二項」とあるのは、「租税特別措置法（昭和三十二年法律第二十六号）第六十九条の四第四項（小規模宅地等についての相続税の課税価格の計算の特例）」と読み替えるものとする。	
5　相続税法第三十二条第一項の規定は、前項ただし書の場合その他既に分割された当該特例対象宅地等について第一項の規定の適用を受けていなかつた場合として政令で定める場合について準用する。この場合において、必要な技術的読替えは、政令で定める。 6　第一項の規定は、第七十条の六の八第一項の規定の適用を受けた同条第二項第二号に規定する特例事業受贈者に係る同条第一項に規定する贈与者から相続又は遺贈により取得（第七十条の六の九第一項（同条第二項の規定により読み替えて適用する場合を含む。）の規定により相続又は遺贈により取得をしたものとみなされる場合における当該取得を含む。）をした特定事業用宅地等及び第七十条の	24　法第六十九条の四第五項に規定する政令で定める場合は、既に分割された特例対象宅地等について、同条第一項の相続又は遺贈に係る同条第四項に規定する申告期限までに特例対象山林の全部又は一部が分割されなかつたことにより同条第一項の選択がされず同項の規定の適用を受けなかつた場合において、当該申告期限から三年以内（当該期間が経過するまでに当該特例対象山林が分割されなかつたことにつき、やむを得ない事情がある場合において、納税地の所轄税務署長の承認を受けたときは、当該特例対象山林の分割がで	

措法第69条の４	措令第40条の２	措規第23条の２
六の十第一項の規定の適用を受ける同条第二項第二号に規定する特例事業相続人等に係る同条第一項に規定する被相続人から相続又は遺贈により取得をした特定事業用宅地等については、適用しない。 7　第一項の規定は、同項の規定の適用を受けようとする者の当該相続又は遺贈に係る相続税法第二十七条又は第二十九条の規定による申告書（これらの申告書に係る期限後申告書及びこれらの申告書に係る修正申告書を含む。次項において「相続税の申告書」という。）に第一項の規定の適用を受けようとする旨を記載し、同項の規定による計算に関する明細書その他の財務省令で定める書類の添付がある場合に限り、適用する。 8　税務署長は、相続税の申告書の提出がなかつた場合又は前項の記載若しくは添付がない相続税の申告書の提出があつた場合においても、その提出又は記載若しくは添付がなかつたことについてやむを得ない事情があると認めるときは、当該記載をした書類及び同項の財務省令で定める書類の提出があつた場合に限り、第一項の規定を適用することができる。 9　第一項に規定する小規模	きることとなつた日の翌日から四月以内）に当該特例対象山林の全部又は一部が分割されたことにより当該選択ができることとなつたとき（当該相続若しくは遺贈又は贈与により財産を取得した個人が同項又は法第六十九条の五第一項の規定の適用を受けている場合を除く。）とする。 25　相続税法施行令第四条の二第一項の規定は、前項のやむを得ない事情がある場合及び同項の分割ができることとなつた日について準用し、同条第二項から第四項までの規定は、前項の納税地の所轄税務署長の承認について準用する。この場合において、同条第一項第一号中「法第十九条の二第二項」とあるのは、「租税特別措置法施行令（昭和三十二年政令第四十三号）第四十条の二第二十四項（小規模宅地等についての相続税の課税価格の計算の特例）」と読み替えるものとする。 26　法第六十九条の四第五項において相続税法第三十二条第一項の規定を準用する場合には、同項第八号中「第十九条の二第二項ただし書」とあるのは「租税特別措置法（昭和三十二年法律第二十六号）第六十九条の四第四項ただし書（小規模宅地等についての相続税	8　法第六十九条の四第七項に規定する財務省令で定める書類は、次の各号に掲げる場合の区分に応じ当該各号に定める書類とする。 一　法第六十九条の四第一項第一号に規定する特定事業用宅地等である小規模宅地等について同項の規定の適用を受けようとする場合　次に掲げる書類 イ　法第六十九条の四第一項に規定する小規模宅地等に係る同項の規定による相続税法第十一条の二に規定する相続税の課税価格に算入すべき価額の計算に関

措法第69条の４	措令第40条の２	措規第23条の２
宅地等について、同項の規定の適用を受ける場合における相続税法第四十八条の二第六項において準用する同法第四十一条第二項の規定の適用については、同項中「財産を除く」とあるのは、「財産及び租税特別措置法（昭和三十二年法律第二十六号）第六十九条の四第一項（小規模宅地等についての相続税の課税価格の計算の特例）の規定の適用を受けた同項に規定する小規模宅地等を除く」とする。 10　第四項から前項までに定めるもののほか、第一項の規定の適用に関し必要な事項は、政令で定める。	の課税価格の計算の特例）又は租税特別措置法施行令（昭和三十二年政令第四十三号）第四十条の二第二十四項（小規模宅地等についての相続税の課税価格の計算の特例）」と、「同項の分割」とあるのは「これらの規定に規定する分割」と、「同条第一項」とあるのは「同法第六十九条の四第一項」と読み替えるものとする。 27　法第六十九条の四の規定の適用については、相続税法第九条の二第六項の規定を準用する。この場合において、相続税法施行令第一条の十第四項の規定の適用については、同項中「第二十六条の規定の」とあるのは「第二十六条並びに租税特別措置法第六十九条の四（小規模宅地等についての相続税の課税価格の計算の特例）の規定の」と、同項第三号中「第二十六条」とあるのは「第二十六条並びに租税特別措置法第六十九条の四」と読み替えるものとする。	する明細書 ロ　施行令第四十条の二第五項各号に掲げる書類（同項ただし書の場合に該当するときは、同項第一号及び第二号に掲げる書類） ハ　遺言書の写し、財産の分割の協議に関する書類（当該書類に当該相続に係る全ての共同相続人及び包括受遺者が自署し、自己の印を押しているものに限る。）の写し（当該自己の印に係る印鑑証明書が添付されているものに限る。）その他の財産の取得の状況を証する書類 ニ　当該小規模宅地等が相続開始前三年以内に新たに被相続人等（法第六十九条の四第一項に規定する被相続人等をいう。第五号ロにおいて同じ。）の事業（同条第三項第一号に規定する事業をいう。）の用に供されたものである場合には、当該事業の用に供されていた施行令第四十条の二第八項各号に掲げる資産の当該相続開始の時における種類、数量、価額及びその所在場所その他の明細を記載した書類で当該事業が同項に規定する規模以上のも

措法第69条の４	措令第40条の２	措規第23条の２
		のであることを明らかにするもの 二　法第六十九条の四第一項第一号に規定する特定居住用宅地等である小規模宅地等（以下この号及び次号において「特定居住用宅地等である小規模宅地等」という。）について同項の規定の適用を受けようとする場合（次号に掲げる場合を除く。）次に掲げる書類（当該被相続人の配偶者が同項の規定の適用を受けようとするときはイに掲げる書類とし、同条第三項第二号イ又はハに掲げる要件を満たす同号に規定する被相続人の親族（以下この号及び次号において「親族」という。）が同条第一項の規定の適用を受けようとするときはイ及びロに掲げる書類とし、同条第三項第二号ロに掲げる要件を満たす親族が同条第一項の規定の適用を受けようとするときはイ及びハからホまでに掲げる書類とする。） イ　前号イからハまでに掲げる書類 ロ　当該親族が個人番号（行政手続における特定の個人を識別するための番号の利用等に関する法律第二条第五項に規定する個人番号をいう。以下この章にお

措法第69条の４	措令第40条の２	措規第23条の２
		いて同じ。）を有しない場合にあつては、当該親族が当該特定居住用宅地等である小規模宅地等を自己の居住の用に供していることを明らかにする書類 ハ　法第六十九条の四第三項第二号ロに規定する親族が個人番号を有しない場合にあつては、相続の開始の日の三年前の日から当該相続の開始の日までの間における当該親族の住所又は居所を明らかにする書類 ニ　相続の開始の日の三年前の日から当該相続の開始の直前までの間にハの親族が居住の用に供していた家屋が法第六十九条の四第三項第二号ロ(1)に規定する家屋以外の家屋である旨を証する書類 ホ　相続の開始の時においてハの親族が居住している家屋を当該親族が相続開始前のいずれの時においても所有していたことがないことを証する書類 三　特定居住用宅地等である小規模宅地等（施行令第四十条の二第二項各号に掲げる事由により相続の開始の直前において当該相続に係る被相続人の居住の用に供されていな

措法第69条の４	措令第40条の２	措規第23条の２
		かつた場合における当該事由により居住の用に供されなくなる直前の当該被相続人の居住の用に供されていた宅地等（土地又は土地の上に存する権利をいう。）に限る。）について法第六十九条の四第一項の規定の適用を受けようとする場合　次に掲げる書類 イ　前号イからホまでに掲げる書類（当該被相続人の配偶者が法第六十九条の四第一項の規定の適用を受けようとするときは前号イに掲げる書類とし、同条第三項第二号イ又はハに掲げる要件を満たす親族が同条第一項の規定の適用を受けようとするときは前号イ及びロに掲げる書類とし、同条第三項第二号ロに掲げる要件を満たす親族が同条第一項の規定の適用を受けようとするときは前号イ及びハからホまでに掲げる書類とする。） ロ　当該相続の開始の日以後に作成された当該被相続人の戸籍の附票の写し ハ　介護保険の被保険者証の写し又は障害者の日常生活及び社会生活を総合的に支援するための法律第二十二条第

措法第69条の４	措令第40条の２	措規第23条の２
		八項に規定する障害福祉サービス受給者証の写しその他の書類で、当該被相続人が当該相続の開始の直前において介護保険法（平成九年法律第百二十三号）第十九条第一項に規定する要介護認定若しくは同条第二項に規定する要支援認定を受けていたこと若しくは介護保険法施行規則第百四十条の六十二の四第二号に該当していたこと又は障害者の日常生活及び社会生活を総合的に支援するための法律第二十一条第一項に規定する障害支援区分の認定を受けていたことを明らかにするもの ニ　当該被相続人が当該相続の開始の直前において入居又は入所していた施行令第四十条の二第二項第一号イからハまでに掲げる住居若しくは施設又は同項第二号の施設若しくは住居の名称及び所在地並びにこれらの住居又は施設がこれらの規定のいずれの住居又は施設に該当するかを明らかにする書類 四　法第六十九条の四第一項第一号に規定する特定同族会社事業用宅地等である小規模宅地等につい

措法第69条の４	措令第40条の２	措規第23条の２
		て同項の規定の適用を受けようとする場合　次に掲げる書類 イ　第一号イからハまでに掲げる書類 ロ　法第六十九条の四第三項第三号に規定する法人の定款（相続の開始の時に効力を有するものに限る。）の写し ハ　相続の開始の直前において、ロに規定する法人の発行済株式の総数又は出資の総額並びに法第六十九条の四第三項第三号の被相続人及び当該被相続人の親族その他当該被相続人と政令で定める特別の関係がある者が有する当該法人の株式の総数又は出資の総額を記した書類（当該法人が証明したものに限る。） 五　法第六十九条の四第一項第二号に規定する貸付事業用宅地等である小規模宅地等について同項の規定の適用を受けようとする場合　次に掲げる書類 イ　第一号イからハまでに掲げる書類 ロ　当該貸付事業用宅地等である小規模宅地等が相続開始前三年以内に新たに被相続人等の貸付事業（法第六十九条の四第三項第四号に規定する貸付事業をい

措法第69条の４	措令第40条の２	措規第23条の２
		う。）の用に供されたものである場合には、当該被相続人等（施行令第四十条の二第二十一項に規定する第一次相続に係る被相続人を含む。）が当該相続開始の日まで三年を超えて同条第十九項に規定する特定貸付事業を行つていたことを明らかにする書類 六　法第六十九条の四第四項に規定する申告期限（次号において「申告期限」という。）までに同条第一項に規定する特例対象宅地等（次号において「特例対象宅地等」という。）の全部又は一部が共同相続人又は包括受遺者によつて分割されていない当該特例対象宅地等について当該申告期限後に当該特例対象宅地等の全部又は一部が分割されることにより同項の規定の適用を受けようとする場合　その旨並びに分割されていない事情及び分割の見込みの詳細を明らかにした書類 七　申告期限までに施行令第四十条の二第五項に規定する特例対象山林の全部又は一部が共同相続人又は包括受遺者によつて分割されなかつたことにより法第六十九条の四第一項の選択がされず同項

措法第69条の４	措令第40条の２	措規第23条の２
		の規定の適用を受けなかつた場合で当該申告期限後に当該特例対象山林の全部又は一部が分割されることにより当該申告期限において既に分割された特例対象宅地等について同項の規定の適用を受けようとするとき　その旨並びに分割されていない事情及び分割の見込みの詳細を明らかにした書類 9　施行令第四十条の二第二十三項又は第二十五項の規定により相続税法施行令（昭和二十五年政令第七十一号）第四条の二の規定を準用する場合における相続税法施行規則（昭和二十五年大蔵省令第十七号）第一条の六第一項及び第二項の規定の適用については、同条第一項第三号中「法第十九条の二第三項」とあるのは「租税特別措置法（昭和三十二年法律第二十六号）第六十九条の四第七項（小規模宅地等についての相続税の課税価格の計算の特例）」と、同条第二項中「同項」とあるのは「租税特別措置法第六十九条の四第四項又は租税特別措置法施行令（昭和三十二年政令第四十三号）第四十条の二第二十四項（小規模宅地等についての相続税の課税価格の計算の特例）」とする。

措置法第69条の４《小規模宅地等についての相続税の課税価格の計算の特例》関係

（相続開始前３年以内の贈与財産及び相続時精算課税の適用を受ける財産）

69の４－１　措置法第69条の４第１項に規定する特例対象宅地等（以下69の５－11までにおいて「特例対象宅地等」という。）には、被相続人から贈与（贈与をした者の死亡により効力を生ずべき贈与（以下「死因贈与」という。）を除く。以下同じ。）により取得したものは含まれないため、相続税法（昭和25年法律第73号）第19条《相続開始前３年以内に贈与があった場合の相続税額》の規定の適用を受ける財産及び相続時精算課税（同法第21条の９第３項《相続時精算課税の選択》の規定（措置法第70条の２の６第１項、第70条の２の７第１項（第70条の２の８において準用する場合を含む。）又は第70条の３第１項において準用する場合を含む。）をいう。以下70の７の２－３までにおいて同じ。）の適用を受ける財産については、措置法第69条の４第１項の規定の適用はないことに留意する。（平16課資２－８、平18課資２－４、平19課資２－７、課審６－５、平20課資２－１、課審６－１、平21課資２－７、課審６－10、徴管５－13、平27課資２－９、平30課資２－９、令元課資２－10改正）

（配偶者居住権等）

69の４－１の２　特例対象宅地等には、配偶者居住権は含まれないが、個人が相続又は遺贈（死因贈与を含む。以下同じ。）により取得した、配偶者居住権に基づく敷地利用権（配偶者居住権の目的となっている建物等（措置法規則第23条の２第１項《小規模宅地等についての相続税の課税価格の計算の特例》に規定する建物又は構築物をいう。以下69の４－24の３までにおいて同じ。）の敷地の用に供される宅地等（土地又は土地の上に存する権利で、建物等の敷地の用に供されているものに限る。以下69の４－24の８までにおいて同じ。）を当該配偶者居住権に基づき使用する権利をいう。以下69の４－24の２までにおいて同じ。）及び配偶者居住権の目的となっている建物等の敷地の用に供される宅地等が含まれることに留意する。

なお、措置法第69条の４第１項の規定の適用を受けるものとしてその全部又は一部の選択をしようとする特例対象宅地等が配偶者居住権に基づく敷地利用権又は当該敷地の用に供される宅地等の全部又は一部である場合の当該特例対象宅地等の面積は、措置法令第40条の２第６項の規定により、それぞれ次の算式により計算された面積であるものとみなして措置法第69条の４第１項の規定が適用されることに留意する。したがって、同条第２項の限度面積要件については、当該算式に基づき計算された面積により判定を行うことに留意する。

この場合において、配偶者居住権の設定に係る相続又は遺贈により、当該相続に係る被相続人の配偶者が配偶者居住権及び当該敷地の用に供される宅地等（当該被相続人の所有していた宅地等が当該相続又は遺贈により数人の共有に属することとなった場合のその共有持分を除く。）のいずれも取得したときの当該敷地の用に供される宅地等については、措置法令第40条の２第６項の規定の適用はないことに留意する。（令２課資２－10追加）

（算式）

1　配偶者居住権に基づく敷地利用権の面積

特例対象宅地等の面積 × $\dfrac{\text{当該敷地利用権の価額}}{\text{当該敷地利用権の価額及び当該敷地の用に供される宅地等の価額の合計額}}$

2　当該敷地の用に供される宅地等の面積

特例対象宅地等の面積 × $\dfrac{\text{当該敷地の用に供される宅地等の価額}}{\text{当該敷地利用権の価額及び当該敷地の用に供される宅地等の価額の合計額}}$

（信託に関する権利）

69の４−２　特例対象宅地等には、個人が相続又は遺贈により取得した信託に関する権利（相続税法第９条の２第６項ただし書に規定する信託に関する権利及び同法第９条の４第１項又は第２項の信託の受託者が、これらの規定により遺贈により取得したものとみなされる信託に関する権利を除く。）で、当該信託の目的となっている信託財産に属する宅地等が、当該相続の開始の直前において当該相続又は遺贈に係る被相続人又は被相続人と生計を一にしていたその被相続人の親族（以下69の４−24の８までにおいて「被相続人等」という。）の措置法第69条の４第１項に規定する事業の用又は居住の用に供されていた宅地等であるものが含まれることに留意する。（平19課資２−７、課審６−５追加、平19課資２−９、課審６−11、平20課資２−１、課審６−１、平22課資２−14、課審６−17、徴管５−10、平30課資２−９、令２課資２−10改正）

（公共事業の施行により従前地及び仮換地について使用収益が禁止されている場合）

69の４−３　特例対象宅地等には、個人が被相続人から相続又は遺贈により取得した被相続人等の居住用等（事業（措置法令第40条の２第１項に規定する準事業を含む。以下69の４−５までにおいて同じ。）の用又は居住の用をいう。以下69の４−３において同じ。）に供されていた宅地等（以下69の４−３において「従前地」という。）で、公共事業の施行による土地区画整理法（昭和29年法律第119号）第３章第３節《仮換地の指定》に規定する仮換地の指定に伴い、当該相続の開始の直前において従前地及び仮換地の使用収益が共に禁止されている場合で、当該相続の開始の時から相続税の申告書の提出期限（以下69の４−36までにおいて「申告期限」という。）までの間に当該被相続人等が仮換地を居住用等に供する予定がなかったと認めるに足りる特段の事情がなかったものが含まれることに留意する。（平19課資２−９、課審６−11追加、平20課資２−１、課審６−１、平21課資２−７、課審６−10、徴管５−13、平22課資２−14、課審６−17、徴管５−10、平30課資２−９改正）

（注）　被相続人等が仮換地を居住用等に供する予定がなかったと認めるに足りる特段の事情とは、例えば、次に掲げる事情がある場合をいうことに留意する。

⑴　従前地について売買契約を締結していた場合

⑵　被相続人等の居住用等に供されていた宅地等に代わる宅地等を取得（売買契約中のものを含む。）していた場合

(3)　従前地又は仮換地について相続税法第６章《延納又は物納》に規定する物納の申請をし又は物納の許可を受けていた場合

（被相続人等の事業の用に供されていた宅地等の範囲）

69の４−４　措置法第69条の４第１項に規定する被相続人等の事業の用に供されていた宅地等（以下69の４−18までにおいて「事業用宅地等」という。）とは、次に掲げる宅地等（相続の開始の直前において配偶者居住権に基づき使用又は収益されていた建物等の敷地の用に供されていたものを除く（当該宅地等については69の４−４の２参照）。）をいうものとする。（平19課資２−７、課審６−５、平19課資２−９、課審６−11、平20課資２−１、課審６−１、平21課資２−７、課審６−10、徴管５−13、平22課資２−14、課審６−17、徴管５−10、令２課資２−10改正）

(1)　他に貸し付けられていた宅地等（当該貸付けが事業に該当する場合に限る。）

(2)　(1)に掲げる宅地等を除き、被相続人等の事業の用に供されていた建物等で、被相続人等が所有していたもの又は被相続人の親族（被相続人と生計を一にしていたその被相続人の親族を除く。69の４−４の２において「その他親族」という。）が所有していたもの（被相続人等が当該建物等を当該その他親族から無償（相当の対価に至らない程度の対価の授受がある場合を含む。以下69の４−33までにおいて同じ。）で借り受けていた場合における当該建物等に限る。）の敷地の用に供されていたもの

（宅地等が配偶者居住権の目的となっている建物等の敷地である場合の被相続人等の事業の用に供されていた宅地等の範囲）

69の４−４の２　相続又は遺贈により取得した宅地等が、当該相続の開始の直前において配偶者居住権に基づき使用又は収益されていた建物等の敷地の用に供されていたものである場合には、当該宅地等のうち、次に掲げる宅地等が事業用宅地等に該当するものとする。（令２課資２−10追加）

(1)　他に貸し付けられていた宅地等（当該貸付けが事業に該当する場合に限る。）

(2)　(1)に掲げる宅地等を除き、被相続人等の事業の用に供されていた建物等（被相続人等又はその他親族が所有していた建物等をいう。以下(2)において同じ。）で、被相続人等が配偶者居住権者（当該配偶者居住権を有する者をいう。以下69の４−23までにおいて同じ。）であるもの又はその他親族が配偶者居住権者であるもの（被相続人等が当該建物等を配偶者居住権者である当該その他親族から無償で借り受けていた場合における当該建物等に限る。）の敷地の用に供されていたもの

（事業用建物等の建築中等に相続が開始した場合）

69の４−５　被相続人等の事業の用に供されている建物等の移転又は建替えのため当該建物等を取り壊し、又は譲渡し、これらの建物等に代わるべき建物等（被相続人又は被相続人の親族の所有に係るものに限る。）の建築中に、又は当該建物等の取得後被相続人等が事業の用に供する前に被相続人について相続が開始した場合で、当該相続開始直前において当該被相続人等の当該建物等に係る事業の準備行為の状況からみて当該建物等を速やかにその事業の用に供することが確実であったと認められるときは、当該建物等の敷地の用に供されていた宅地等は、事業用宅地等に該当するものとして取り扱う。

なお、当該被相続人と生計を一にしていたその被相続人の親族又は当該建物等若しく

は当該建物等の敷地の用に供されていた宅地等を相続若しくは遺贈により取得した当該被相続人の親族が、当該建物等を相続税の申告期限までに事業の用に供しているとき（申告期限において当該建物等を事業の用に供していない場合であっても、それが当該建物等の規模等からみて建築に相当の期間を要することによるものであるときは、当該建物等の完成後速やかに事業の用に供することが確実であると認められるときを含む。）は、当該相続開始直前において当該被相続人等が当該建物等を速やかにその事業の用に供することが確実であったものとして差し支えない。（平19課資２−７、課審６−５、平19課資２−９、課審６−11、平20課資２−１、課審６−１、平22課資２−14、課審６−17、徴管５−10改正）

（注）　当該建築中又は取得に係る建物等のうちに被相続人等の事業の用に供されると認められる部分以外の部分があるときは、事業用宅地等の部分は、当該建物等の敷地のうち被相続人等の事業の用に供されると認められる当該建物等の部分に対応する部分に限られる。

（使用人の寄宿舎等の敷地）

69の４−６　被相続人等の営む事業に従事する使用人の寄宿舎等（被相続人等の親族のみが使用していたものを除く。）の敷地の用に供されていた宅地等は、被相続人等の当該事業に係る事業用宅地等に当たるものとする。（平22課資２−14、課審６−17、徴管５−10改正）

（被相続人等の居住の用に供されていた宅地等の範囲）

69の４−７　措置法第69条の４第１項に規定する被相続人等の居住の用に供されていた宅地等（以下69の４−８までにおいて「居住用宅地等」という。）とは、次に掲げる宅地等（相続の開始の直前において配偶者居住権に基づき使用又は収益されていた建物等の敷地の用に供されていたものを除く（当該宅地等については69の４−７の２参照）。）をいうものとする。（平22課資２−14、課審６−17、徴管５−10、平25課資２−13、課審７−18、平26課資２−12、評審７−17、徴管６−25、令２課資２−10改正）

⑴　相続の開始の直前において、被相続人等の居住の用に供されていた家屋で、被相続人が所有していたもの（被相続人と生計を一にしていたその被相続人の親族が居住の用に供していたものである場合には、当該親族が被相続人から無償で借り受けていたものに限る。）又は被相続人の親族が所有していたもの（当該家屋を所有していた被相続人の親族が当該家屋の敷地を被相続人から無償で借り受けており、かつ、被相続人等が当該家屋を当該親族から借り受けていた場合には、無償で借り受けていたときにおける当該家屋に限る。）の敷地の用に供されていた宅地等

⑵　措置法令第40条の２第２項に定める事由により被相続人の居住の用に供されなくなる直前まで、被相続人の居住の用に供されていた家屋で、被相続人が所有していたもの又は被相続人の親族が所有していたもの（当該家屋を所有していた被相続人の親族が当該家屋の敷地を被相続人から無償で借り受けており、かつ、被相続人が当該家屋を当該親族から借り受けていた場合には、無償で借り受けていたときにおける当該家屋に限る。）の敷地の用に供されていた宅地等（被相続人の居住の用に供されなくなった後、措置法第69条の４第１項に規定する事業の用又は新たに被相続人等以外の者の居住の用に供された宅地等を除く。）

（注）　上記⑴及び⑵の宅地等のうちに被相続人等の居住の用以外の用に供されていた部分があるときは、当該被相続人等の居住の用に供されていた部分に限られるのであるが、当該居住の用に供されていた部分が、被相続人の居住の用に供されていた１棟の建物（建物の区分所有等に関する法律（昭和37年法律第69号）第１条の規定に該当する建物を除く。）に係るものである場合には、当該１棟の建物の敷地の用に供されていた宅地等のうち当該被相続人の親族の居住の用に供されていた部分が含まれることに留意する（69の４－７の２⑴及び⑵に掲げる宅地等についても同じ。）。

（宅地等が配偶者居住権の目的となっている家屋の敷地である場合の被相続人等の居住の用に供されていた宅地等の範囲）

69の４－７の２　相続又は遺贈により取得した宅地等が、当該相続の開始の直前において配偶者居住権に基づき使用又は収益されていた家屋の敷地の用に供されていたものである場合には、当該宅地等のうち、次に掲げる宅地等が居住用宅地等に該当するものとする。（令２課資２－10追加）

⑴　相続の開始の直前において、被相続人等の居住の用に供されていた家屋（被相続人又は被相続人の親族が配偶者居住権者である場合のその配偶者居住権の目的となっている家屋をいう。以下⑴において同じ。）で、被相続人が所有していたもの（当該被相続人等が当該家屋を当該配偶者居住権者から借り受けていた場合には、無償で借り受けていたときにおける当該家屋に限る。）又は被相続人の親族が所有していたもの（当該家屋を所有していた被相続人の親族が当該家屋の敷地を被相続人から無償で借り受けており、かつ、当該被相続人等が当該家屋を当該配偶者居住権者から借り受けていた場合には、無償で借り受けていたときにおける当該家屋に限る。）の敷地の用に供されていた宅地等

⑵　措置法令第40条の２第２項に定める事由により被相続人の居住の用に供されなくなる直前まで、被相続人の居住の用に供されていた家屋（被相続人又は被相続人の親族が配偶者居住権者である場合のその配偶者居住権の目的となっている家屋をいう。以下⑵において同じ。）で、被相続人が所有していたもの（当該被相続人が当該家屋を当該配偶者居住権者から借り受けていた場合には、無償で借り受けていたときにおける当該家屋に限る。）又は被相続人の親族が所有していたもの（当該家屋を所有していた被相続人の親族が当該家屋の敷地を被相続人から無償で借り受けており、かつ、当該被相続人が当該家屋を当該配偶者居住権者から借り受けていた場合には、無償で借り受けていたときにおける当該家屋に限る。）の敷地の用に供されていた宅地等（被相続人の居住の用に供されなくなった後、措置法第69条の４第１項に規定する事業の用又は新たに被相続人等以外の者の居住の用に供された宅地等を除く。）

（要介護認定等の判定時期）

69の４－７の３　被相続人が、措置法令第40条の２第２項１号に規定する要介護認定若しくは要支援認定又は同項第２号に規定する障害支援区分の認定を受けていたかどうかは、当該被相続人が、当該被相続人の相続の開始の直前において当該認定を受けていたかにより判定するのであるから留意する。（平25課資２－13、課審７－18追加、平27課資２－９改正）

（建物の区分所有等に関する法律第１条の規定に該当する建物）

69の４−７の４　措置法令第40条の２第４項及び第13項に規定する「建物の区分所有等に関する法律第１条の規定に該当する建物」とは、区分所有建物である旨の登記がされている建物をいうことに留意する。（平25課資２−13、課審７−18、平26課資２−12、課審７−17、徴管６−25、令元課資２−10　改正）

（注）　上記の区分所有物とは、被災区分所有建物の再建等に関する特別措置法（平成７年法律第43号）第２条に規定する区分所有建物をいうことに留意する。

（居住用建物の建築中等に相続が開始した場合）

69の４−８　被相続人等の居住の用に供されると認められる建物（被相続人又は被相続人の親族の所有に係るものに限る。）の建築中に、又は当該建物の取得後被相続人等が居住の用に供する前に被相続人について相続が開始した場合には、当該建物の敷地の用に供されていた宅地等が居住用宅地等に当たるかどうか及び居住用宅地等の部分については、69の４−５《事業用建物等の建築中等に相続が開始した場合》に準じて取り扱う。（平20課資２−１、課審６−１、平22課資２−14、課審６−17、徴管５−10改正）

（注）　上記の取扱いは、相続の開始の直前において被相続人等が自己の居住の用に供している建物（被相続人等の居住の用に供されると認められる建物の建築中等に限り一時的に居住の用に供していたにすぎないと認められる建物を除く。）を所有していなかった場合に限り適用があるのであるから留意する。

（店舗兼住宅等の敷地の持分の贈与について贈与税の配偶者控除等の適用を受けたものの居住の用に供されていた部分の範囲）

69の４−９　措置法第69条の４第１項の規定の適用がある店舗兼住宅等の敷地の用に供されていた宅地等で相続の開始の年の前年以前に被相続人からのその持分の贈与につき相続税法第21条の６第１項《贈与税の配偶者控除》の規定による贈与税の配偶者控除の適用を受けたもの（昭和34年１月28日付直資10「相続税法基本通達の全部改正について」（以下「相続税法基本通達」という。）21の６−３《店舗兼住宅等の持分の贈与があった場合の居住用部分の判定》のただし書の取扱いを適用して贈与税の申告があったものに限る。）又は相続の開始の年に被相続人からのその持分の贈与につき相続税法第19条第２項第２号の規定により特定贈与財産に該当することとなったもの（相続税法基本通達19−10《店舗兼住宅等の持分の贈与を受けた場合の特定贈与財産の判定》の後段の取扱いを適用して相続税の申告があったものに限る。）であっても、措置法令第40条の２第４項《小規模宅地等についての相続税の課税価格の計算の特例》に規定する被相続人等の居住の用に供されていた部分の判定は、当該相続の開始の直前における現況によって行うのであるから留意する。（平22課資２−14、課審６−17、徴管５−10、平25課資２−13、課資７−18改正）

（選択特例対象宅地等のうちに貸付事業用宅地等がある場合の限度面積要件）

69の４−10　措置法第69条の４第２項第３号の要件に該当する場合を算式で示せば、次のとおりである。（平20課資２−１、課審６−１、平22課資２−14、課審６−17、徴管５−10、平25課資２−13、課資７−18改正）

$$A \times \frac{200}{400} + B \times \frac{200}{330} + C \leqq 200\,m^2$$

（注）　算式中の符号は、次のとおりである。

Ａは、当該相続又は遺贈により財産を取得した者に係るすべての措置法第69条の４第１項に規定する選択特例対象宅地等（以下69の４−11までにおいて「選択特例対象宅地等」という。）である同条第２項第１号に規定する特定事業用等宅地等の面積の合計

Ｂは、当該相続又は遺贈により財産を取得した者に係るすべての選択特例対象宅地等である同条第３項第２号に規定する特定居住用宅地等の面積の合計

Ｃは、当該相続又は遺贈により財産を取得した者に係るすべての選択特例対象宅地等である同条第３項第４号に規定する貸付事業用宅地等の面積の合計

（限度面積要件を満たさない場合）

69の４−11　選択特例対象宅地等が措置法第69条の４第２項に規定する限度面積要件を満たしていない場合は、その選択特例対象宅地等のすべてについて同条第１項の適用がないことに留意する。

なお、この場合、その後の国税通則法（昭和37年法律第66号）第18条第２項《期限後申告》に規定する期限後申告書及び同法第19条第３項《修正申告》に規定する修正申告書において、その選択特例対象宅地等が限度面積要件を満たすこととなったときは、その選択特例対象宅地等について措置法第69条の４第１項の適用がある（69の４−12に規定する場合を除く。）ことに留意する。（平20課資２−１、課審６−１、平22課資２−14、課審６−17、徴管５−10改正）

（小規模宅地等の特例、特定計画山林の特例又は個人の事業用資産についての納税猶予及び免除を重複適用する場合に限度額要件等を満たさないとき）

69の４−12　措置法第69条の４第１項に規定する小規模宅地等（以下69の５−13までにおいて「小規模宅地等」という。）、措置法第69条の５第１項《特定計画山林についての相続税の課税価格の計算の特例》に規定する選択特定計画山林（以下69の５−13までにおいて「選択特定計画山林」という。）又は措置法第70条の６の10第１項《個人の事業用資産についての相続税の納税猶予及び免除》に規定する特例事業用資産のうち同条第２項第１号イに掲げるもの（以下69の５−13までにおいて「猶予対象宅地等」という。）について、措置法第69条の４第１項、第69条の５第１項又は第70条の６の10第１項の規定の適用を重複して受けようとする場合において、その選択特定計画山林の価額が措置法第69条の５第５項（措置法令第40条の２の２第９項の規定の適用がある場合を含む。）に規定する限度額（69の５−12参照）を超えるとき又はその猶予対象宅地等の面積が同号イに規定する限度面積（70の６の10−17参照）を超えるときは、その小規模宅地等の全てについて措置法第69条の４第１項の規定の適用はないことに留意する。

なお、この場合、その後の国税通則法第18条第２項に規定する期限後申告書及び同法第19条第３項に規定する修正申告書において、当該限度額又は当該限度面積を超えないこととなったときは、その小規模宅地等について措置法第69条の４第１項の規定の適用があることに留意する。（平16課資２−８、平18課資２−４、平21課資２−７、課審６−10、徴管５−13、平22課資２−14、課審６−17、徴管５−10、令元課資２−10、令２課資２−10改

正）

（注）

1.1　上記の限度額を超える場合における当該選択特定計画山林及び上記の限度面積を超える場合における当該猶予対象宅地等は、その全てについて措置法第69条の５第１項及び第70条の６の10第１項の規定の適用もないことに留意する（69の５−13及び70の６の10−18参照）。

2.2　上記の「猶予対象宅地等」には、措置法令第40条の２第５項に規定する猶予対象受贈宅地等を含むことに留意する。

（不動産貸付業等の範囲）

69の４−13　被相続人等の不動産貸付業、駐車場業又は自転車駐車場業については、その規模、設備の状況及び営業形態等を問わず全て措置法第69条の４第３項第１号及び第４号に規定する不動産貸付業又は措置法令第40条の２第７項に規定する駐車場業若しくは自転車駐車場業に当たるのであるから留意する。（平22課資２−14、課審６−17、徴管５−10、平25課資２−13、課資７−18、平30課資２−９、令元課資２−10改正）

（注）　措置法令第40条の２第１項に規定する準事業は、上記の不動産貸付業、駐車場業又は自転車駐車場業に当たらないことに留意する。

（下宿等）

69の４−14　下宿等のように部屋を使用させるとともに食事を供する事業は、措置法第69条の４第３項第１号及び第４号に規定する「不動産貸付業その他政令で定めるもの」に当たらないものとする。（平22課資２−14、課審６−17、徴管５−10改正）

（宅地等を取得した親族が申告期限までに死亡した場合）

69の４−15　被相続人の事業用宅地等を相続又は遺贈により取得した被相続人の親族が当該相続に係る相続税の申告期限までに死亡した場合には、当該親族から相続又は遺贈により当該宅地等を取得した当該親族の相続人が、措置法第69条の４第３項第１号イ又は第４号イの要件を満たせば、当該宅地等は同項第１号に規定する特定事業用宅地等又は同項第４号に規定する貸付事業用宅地等に当たるのであるから留意する。（平20課資２−１、課審６−１、平22課資２−14、課審６−17、徴管５−10改正）

（注）　当該相続人について措置法第69条の４第３項第１号イ又は第４号イの要件に該当するかどうかを判定する場合において、同項第１号又は第４号の申告期限は、相続税法第27条第２項《相続税の申告書》の規定による申告期限をいい、また、被相続人の事業（措置令第40条の２第１項に規定する事業を含む。以下69の４−15において同じ。）を引き継ぐとは、当該相続人が被相続人の事業を直接引き継ぐ場合も含まれるのであるから留意する。

（申告期限までに転業又は廃業があった場合）

69の４−16　措置法第69条の４第３項第１号イの要件の判定については、同号イの申告期限までに、同号イに規定する親族が当該宅地等の上で営まれていた被相続人の事業の一部を他の事業（同号に規定する事業に限る。）に転業しているときであっても、当該親族は当該被相続人の事業を営んでいるものとして取り扱う。

なお、当該宅地等が被相続人の営む２以上の事業の用に供されていた場合において、当該宅地等を取得した同号イに規定する親族が同号イの申告期限までにそれらの事業の一部を廃止したときにおけるその廃止に係る事業以外の事業の用に供されていた当該宅地等の部分については、当該宅地等の部分を取得した当該親族について同号イの要件を満たす限り、同号に規定する特定事業用宅地等に当たるものとする。（平20課資２－１、課審６－１、平22課資２－14、課審６－17、徴管５－10改正）

（注）

１　措置法第69条の４第３項第４号イの要件の判定については、上記に準じて取り扱う。

２　措置法第69条の４第３項第１号ロ、同項第３号及び同項第４号ロの要件の判定については、上記のなお書に準じて取り扱う。

（災害のため事業が休止された場合）

69の４－17　措置法第69条の４第３項第１号イ又はロの要件の判定において、被相続人等の事業の用に供されていた施設が災害により損害を受けたため、同号イ又はロの申告期限において当該事業が休業中である場合には、同号に規定する親族（同号イの場合にあっては、その親族の相続人を含む。）により当該事業の再開のための準備が進められていると認められるときに限り、当該施設の敷地は、当該申告期限においても当該親族の当該事業の用に供されているものとして取り扱う。（平20課資２－１、課審６－１、平22課資２－14、課審６－17、徴管５－10改正）

（注）　措置法第69条の４第３項第２号イ及びハ、同項第３号並びに同項第４号イ及びロの要件の判定については、上記に準じて取り扱う。

（申告期限までに宅地等の一部の譲渡又は貸付けがあった場合）

69の４－18　措置法第69条の４第３項第１号イ又はロの要件の判定については、被相続人等の事業用宅地等の一部が同号イ又はロの申告期限までに譲渡され、又は他に貸し付けられ、同号の親族（同号イの場合にあっては、その親族の相続人を含む。）の同号イ又はロに規定する事業の用に供されなくなったときであっても、当該譲渡され、又は貸し付けられた宅地等の部分以外の宅地等の部分については、当該親族について同号イ又はロの要件を満たす限り、同号に規定する特定事業用宅地等に当たるものとして取り扱う。（平20課資２－１、課審６－１、平22課資２－14、課審６－17、徴管５－10改正）

（注）　措置法第69条の４第３項第３号の要件の判定については、上記に準じて取り扱う。

（申告期限までに事業用建物等を建て替えた場合）

69の４－19　措置法第69条の４第３項第１号イ又はロの要件の判定において、同号に規定する親族（同号イの場合にあっては、その親族の相続人を含む。）の事業の用に供されている建物等が同号イ又はロの申告期限までに建替え工事に着手された場合に、当該宅地等のうち当該親族により当該事業の用に供されると認められる部分については、当該申告期限においても当該親族の当該事業の用に供されているものとして取り扱う。（平20課資２－１、課審６－１、平22課資２－14、課審６－17、徴管５－10改正）

（注）　措置法第69条の４第３項第２号イ及びハ、同項第３号並びに同項第４号イ及びロ

の要件の判定については、上記に準じて取り扱う。

（宅地等を取得した親族が事業主となっていない場合）

69の４-20　措置法第69条の４第３項第１号イに規定する事業を営んでいるかどうかは、事業主として当該事業を行っているかどうかにより判定するのであるが、同号イに規定する親族が就学中であることその他当面事業主となれないことについてやむを得ない事情があるため、当該親族の親族が事業主となっている場合には、同号イに規定する親族が当該事業を営んでいるものとして取り扱う。（平22課資２-14、課審６-17、徴管５-10改正）

（注）　事業を営んでいるかどうかは、会社等に勤務するなど他に職を有し、又は当該事業の他に主たる事業を有している場合であっても、その事業の事業主となっている限りこれに当たるのであるから留意する。

（新たに事業の用に供されたか否かの判定）

69の４-20の２　措置法第69条の４第３項第１号の「新たに事業の用に供された宅地等」とは、事業（貸付事業（同項第４号に規定する貸付事業をいう。以下69の４-20の２において同じ。）を除く。以下69の４-20の５までにおいて同じ。）の用以外の用に供されていた宅地等が事業の用に供された場合の当該宅地等又は宅地等若しくはその上にある建物等につき「何らの利用がされていない場合」の宅地等が事業の用に供された場合の当該宅地等をいうことに留意する。

したがって、例えば、居住の用又は貸付事業の用に供されていた宅地等が事業の用に供された場合の当該事業の用に供された部分については、「新たに事業の用に供された宅地等」に該当するが、事業の用に供されていた宅地等が他の事業の用に供された場合の当該他の事業の用に供された部分については、これに該当しないことに留意する。

また、次に掲げる場合のように、事業に係る建物等が一時的に事業の用に供されていなかったと認められるときには、当該建物等に係る宅地等は、上記の「何らの利用がされていない場合」の宅地等に該当しないことに留意する。（令元課資２-10追加）

⑴　継続的に事業の用に供されていた建物等につき建替えが行われた場合において、建物等の建替え後速やかに事業の用に供されていたとき（当該建替え後の建物等を事業の用以外の用に供していないときに限る。）

⑵　継続的に事業の用に供されていた建物等が災害により損害を受けたため、当該建物等に係る事業を休業した場合において、事業の再開のための当該建物等の修繕その他の準備が行われ、事業が再開されていたとき（休業中に当該建物等を事業の用以外の用に供していないときに限る。）

（注）

1. 1　建替えのための建物等の建築中に相続が開始した場合には69の４-５の取扱いが、また、災害による損害のための休業中に相続が開始した場合には69の４-17の取扱いが、それぞれあることに留意する。

2. 2　⑴又は⑵に該当する場合には、当該宅地等に係る「新たに事業の用に供された」時は、⑴の建替え前又は⑵の休業前の事業に係る事業の用に供された時となることに留意する。

3. 3　⑴に該当する場合において、建替え後の建物等の敷地の用に供された宅地等のうちに、建替え前の建物等の敷地の用に供されていなかった宅地等が含まれるときは、当該供されていなかった宅地等については、新たに事業の用に供された宅地等に該当することに留意する。

(政令で定める規模以上の事業の意義等)

69の４−20の３　措置法令第40条の２第８項で定める規模以上の事業は、次に掲げる算式を満たす場合における当該事業（以下69の４−20の３において「特定事業」という。）であることに留意する。

なお、特定事業に該当するか否かの判定は、下記の特定宅地等ごとに行うことに留意する。（令元課資２−10追加）

（算式）

$$\frac{\text{事業の用に供されていた減価償却資産（注１）のうち被相続人等が有していたもの（注２）の相続の開始の時における価額の合計額}}{\text{新たに事業の用に供されていた宅地等（以下69の４−20の３において「特定宅地等」という。）（注３）の相続の開始の時における価額}} \geqq \frac{15}{100}$$

（注）

1.１「減価償却資産」とは、特定宅地等に係る被相続人等の事業の用に供されていた次に掲げる資産をいい、当該資産のうちに当該事業の用以外の用に供されていた部分がある場合には、当該事業の用に供されていた部分に限ることに留意する。

1.①　特定宅地等の上に存する建物（その附属設備を含む。）又は構築物

2.②　所得税法第２条第１項第19号《定義》に規定する減価償却資産で特定宅地等の上で行われる当該事業に係る業務の用に供されていたもの（①に掲げるものを除く。）

なお、当該事業が特定宅地等を含む一の宅地等の上で行われていた場合には、特定宅地等を含む一の宅地等の上に存する建物（その附属設備を含む。）又は構築物のうち当該事業の用に供されていた部分並びに上記②の減価償却資産のうち特定宅地等を含む一の宅地等の上で行われる当該事業に係る業務の用に供されていた部分（当該建物及び当該構築物を除く。）は、上記①又は②に掲げる資産にそれぞれ含まれることに留意する。

また、上記②に掲げる資産が、共通して当該業務及び当該業務以外の業務の用に供されていた場合であっても、当該資産の全部が上記②に掲げる資産に該当することに留意する。

おって、「事業の用に供されていた減価償却資産」に該当するか否かの判定は、特定宅地等を新たに事業の用に供した時ではなく、相続開始の直前における現況によって行うことに留意する。したがって、例えば、特定宅地等を新たに事業の用に供した後に被相続人等が取得した上記②に掲げる資産も上記算式の分子に含まれることに留意する。

2.２「被相続人等が有していたもの」は、事業を行っていた被相続人又は事業を行っていた生計一親族（被相続人と生計を一にしていたその被相続人の親族をいう。）が、

自己の事業の用に供し、所有していた減価償却資産であることに留意する。

3.3 「特定宅地等」は、相続開始の直前において被相続人が所有していた宅地等であり、当該宅地等が数人の共有に属していた場合には当該被相続人の有していた持分の割合に応ずる部分であることに留意する。

（相続開始前３年を超えて引き続き事業の用に供されていた宅地等の取扱い）

69の４－20の４　相続開始前３年を超えて引き続き被相続人等の事業の用に供されていた宅地等については、「措置法令第40条の２第８項に定める規模以上の事業を行っていた被相続人等の事業」以外の事業に係るものであっても、措置法第69条の４第３項第１号イ又はロに掲げる要件を満たす当該被相続人の親族が取得した場合には、同号に規定する特定事業用宅地等に該当することに留意する。（令元課資２－10追加）

（注）　被相続人等の事業の用に供されていた宅地等が69の４－20の２に掲げる場合に該当する場合には、当該宅地等は引き続き事業の用に供されていた宅地等に該当することに留意する。

（平成31年改正法附則による特定事業用宅地等に係る経過措置について）

69の４－20の５　所得税法等の一部を改正する法律（平成31年法律第６号）附則第79条第２項の規定により、平成31年４月１日から令和４年３月31日までの間に相続又は遺贈により取得をした宅地等については、平成31年４月１日以後に新たに事業の用に供されたもの（措置法令第40条の２第８項に定める規模以上の事業を行っていた被相続人等の事業の用に供されたものを除く。）が、措置法第69条の４第３項第１号に規定する特定事業用宅地等の対象となる宅地等から除かれることに留意する。（令元課資２－10追加）

（被相続人の居住用家屋に居住していた親族の範囲）

69の４－21　措置法第69条の４第３項第２号ロに規定する当該被相続人の居住の用に供されていた家屋に居住していた親族とは、当該被相続人に係る相続の開始の直前において当該家屋で被相続人と共に起居していたものをいうのであるから留意する。この場合において、当該被相続人の居住の用に供されていた家屋については、当該被相続人が１棟の建物でその構造上区分された数個の部分の各部分（以下69の４－21において「独立部分」という。）を独立して住居その他の用途に供することができるものの独立部分の一に居住していたときは、当該独立部分をいうものとする。（平20課資２－１、課審６－１、平25課資２－13、課資７－18改正）

（「当該親族の配偶者」等の意義）

69の４－22　措置法第69条の４第３項第２号ロ⑴に規定する「当該親族の配偶者、当該親族の三親等内の親族又は当該親族と特別の関係がある法人」とは、相続の開始の直前において同号に規定する親族の配偶者、当該親族の三親等内の親族又は当該親族と特別の関係がある法人である者をいうものとする。

（平成30年改正法附則による特定居住用宅地等に係る経過措置について）

69の４－22の２　所得税法等の一部を改正する法律（平成30年法律第７号。以下69の４－22の２及び69の４－24の８において「平成30年改正法」という。）附則第118条第２項《相続税及び贈与税の特例に関する経過措置》に規定する経過措置対象宅地等（以下69の４−22の２において「経過措置対象宅地等」という。）については、次の経過措置が設けられていることに留意する。（平30課資２−９追加、令元課資２−10改正）

⑴　個人が平成30年４月１日から令和２年３月31日までの間に相続又は遺贈により取得をした経過措置対象宅地等については、措置法第69条の４第３項第２号に規定する親族に係る要件は、同号イからハまでに掲げる要件のいずれか又は平成30年改正法による改正前の措置法第69条の４第３項第２号ロに掲げる要件とする。

⑵　個人が令和２年４月１日以後に相続又は遺贈により取得をした財産のうちに経過措置対象宅地等がある場合において、同年３月31日において当該経過措置対象宅地等の上に存する建物の新築又は増築その他の工事が行われており、かつ、当該工事の完了前に相続又は遺贈があったときは、その相続又は遺贈に係る相続税の申告期限までに当該個人が当該建物を自己の居住の用に供したときは、当該経過措置対象宅地等は相続開始の直前において当該相続又は遺贈に係る被相続人の居住の用に供されていたものと、当該個人は措置法第69条の４第３項第２号イに掲げる要件を満たす親族とそれぞれみなす。

(注)

１　経過措置対象宅地等とは、平成30年３月31日に相続又は遺贈があったものとした場合に、平成30年改正法による改正前の措置法第69条の４第１項に規定する特例対象宅地等（同条第３項第２号に規定する特定居住用宅地等のうち同号ロに掲げる要件を満たすものに限る。）に該当することとなる宅地等をいうことに留意する。

２「工事の完了」とは、新築又は増築その他の工事に係る請負人から新築された建物の引渡しを受けたこと又は増築その他の工事に係る部分につき引渡しを受けたことをいうことに留意する。

(法人の事業の用に供されていた宅地等の範囲)

69の４−23　措置法第69条の４第３項第３号に規定する法人の事業の用に供されていた宅地等とは、次に掲げる宅地等のうち同号に規定する法人（同号に規定する申告期限において清算中の法人を除く。以下69の４−24までにおいて同じ。）の事業の用に供されていたものをいうものとする。（平18課資２−４、平20課資２−１、課審６−１、平22課資２−14、課審６−17、徴管５−10、平25課資２−13、課審７−18、令元課資２−10、令２課資２−10改正）

⑴　当該法人に貸し付けられていた宅地等（当該貸付けが同条第１項に規定する事業に該当する場合に限る。）

⑵　当該法人の事業の用に供されていた建物等で、被相続人が所有していたもの又は被相続人と生計を一にしていたその被相続人の親族が所有していたもの（当該親族が当該建物等の敷地を被相続人から無償で借り受けていた場合における当該建物等に限る。）で、当該法人に貸し付けられていたもの（当該貸付けが同項に規定する事業に該当する場合に限る。）の敷地の用に供されていたもの

(注)

１　措置法第69条の４第３項第３号に規定する法人の事業には、不動産貸付業その他措置法令第40条の２第７項に規定する駐車場、自転車駐車場及び準事業が含まれないことに留意する。

2　相続又は遺贈により取得した宅地等が、当該相続の開始の直前において配偶者居住権に基づき使用又は収益されていた建物等の敷地の用に供されていたものである場合には、上記(2)の「被相続人と生計を一にしていたその被相続人の親族」とあるのは「被相続人の親族」と、「で、当該法人に」とあるのは「のうち、配偶者居住権者である被相続人等により当該法人へ」と読み替えるものとする。

(法人の社宅等の敷地)

69の4－24　措置法第69条の4第3項第3号の要件の判定において、同号に規定する法人の社宅等（被相続人等の親族のみが使用していたものを除く。）の敷地の用に供されていた宅地等は、当該法人の事業の用に供されていた宅地等に当たるものとする。（平20課資2－1、課審6－1改正）

(被相続人等の貸付事業の用に供されていた宅地等)

69の4－24の2　宅地等が措置法第69条の4第3項第4号に規定する被相続人等の貸付事業（以下69の4－24の8までにおいて「貸付事業」という。）の用に供されていた宅地等に該当するかどうかは、当該宅地等が相続開始の時において現実に貸付事業の用に供されていたかどうかで判定するのであるが、貸付事業の用に供されていた宅地等には、当該貸付事業に係る建物等のうちに相続開始の時において一時的に賃貸されていなかったと認められる部分がある場合における当該部分に係る宅地等の部分が含まれることに留意する。（平22課資2－14、課審6－17、徴管5－10追加、平30課資2－9、令2課資2－10改正）

（注）

1　69の4－5の取扱いがある場合を除き、新たに貸付事業の用に供する建物等を建築中である場合や、新たに建築した建物等に係る賃借人の募集その他の貸付事業の準備行為が行われているに過ぎない場合には、当該建物等に係る宅地等は貸付事業の用に供されていた宅地等に該当しないことに留意する。

2　配偶者居住権の設定に係る相続又は遺贈により当該貸付事業に係る建物等（当該配偶者居住権の目的とされたものに限る。）の敷地の用に供されていた宅地等を取得した場合には、当該宅地等のうち当該配偶者居住権に基づく敷地利用権に相当する部分については、当該貸付事業の用に供されていた宅地等に該当しないことに留意する。

(新たに貸付事業の用に供されたか否かの判定)

69の4－24の3　措置法第69条の4第3項第4号の「新たに貸付事業の用に供された」とは、貸付事業の用以外の用に供されていた宅地等が貸付事業の用に供された場合又は宅地等若しくはその上にある建物等につき「何らの利用がされていない場合」の当該宅地等が貸付事業の用に供された場合をいうことに留意する。

したがって、賃貸借契約等につき更新がされた場合は、新たに貸付事業の用に供された場合に該当しないことに留意する。

また、次に掲げる場合のように、貸付事業に係る建物等が一時的に賃貸されていなかったと認められるときには、当該建物等に係る宅地等は、上記の「何らの利用がされていない場合」に該当しないことに留意する。（平30課資2－9追加）

(1)　継続的に賃貸されていた建物等につき賃借人が退去をした場合において、その退去後速やかに新たな賃借人の募集が行われ、賃貸されていたとき（新たな賃借人が入居するまでの間、当該建物等を貸付事業の用以外の用に供していないときに限る。）

⑵　継続的に賃貸されていた建物等につき建替えが行われた場合において、建物等の建替え後速やかに新たな賃借人の募集が行われ、賃貸されていたとき（当該建替え後の建物等を貸付事業の用以外の用に供していないときに限る。）

⑶　継続的に賃貸されていた建物等が災害により損害を受けたため、当該建物等に係る貸付事業を休業した場合において、当該貸付事業の再開のための当該建物等の修繕その他の準備が行われ、当該貸付事業が再開されていたとき（休業中に当該建物等を貸付事業の用以外の用に供していないときに限る。）

（注）

1　建替えのための建物等の建築中に相続が開始した場合には69の４−５の取扱いが、また、災害による損害のための休業中に相続が開始した場合には69の４−17の取扱いが、それぞれあることに留意する。

2　⑴、⑵又は⑶に該当する場合には、当該宅地等に係る「新たに貸付事業の用に供された」時は、⑴の退去前、⑵の建替え前又は⑶の休業前の賃貸に係る貸付事業の用に供された時となることに留意する。

3　⑵に該当する場合において、建替え後の建物等の敷地の用に供された宅地等のうちに、建替え前の建物等の敷地の用に供されていなかった宅地等が含まれるときは、当該供されていなかった宅地等については、新たに貸付事業の用に供された宅地等に該当することに留意する。

（特定貸付事業の意義）

69の４−24の４　措置法令第40条の２第19項に規定する特定貸付事業（以下69の４−24の８までにおいて「特定貸付事業」という。）は、貸付事業のうち準事業以外のものをいうのであるが、被相続人等の貸付事業が準事業以外の貸付事業に当たるかどうかについては、社会通念上事業と称するに至る程度の規模で当該貸付事業が行われていたかどうかにより判定することに留意する。

なお、この判定に当たっては、次によることに留意する。（平30課資２−９追加、令元課資２−10改正）

⑴　被相続人等が行う貸付事業が不動産の貸付けである場合において、当該不動産の貸付けが不動産所得（所得税法（昭和40年法律第33号）第26条第１項《不動産所得》に規定する不動産所得をいう。以下⑴において同じ。）を生ずべき事業として行われているときは、当該貸付事業は特定貸付事業に該当し、当該不動産の貸付けが不動産所得を生ずべき事業以外のものとして行われているときは、当該貸付事業は準事業に該当すること。

⑵　被相続人等が行う貸付事業の対象が駐車場又は自転車駐車場であって自己の責任において他人の物を保管するものである場合において、当該貸付事業が同法第27条第１項《事業所得》に規定する事業所得を生ずべきものとして行われているときは、当該貸付事業は特定貸付事業に該当し、当該貸付事業が同法第35条第１項《雑所得》に規定する雑所得を生ずべきものとして行われているときは、当該貸付事業は準事業に該当すること。

（注）⑴又は⑵の判定を行う場合においては、昭和45年７月１日付直審（所）30「所得

税基本通達の制定について」（法令解釈通達）26－9《建物の貸付けが事業として行われているかどうかの判定》及び27－2《有料駐車場等の所得》の取扱いがあることに留意する。

(特定貸付事業が引き続き行われていない場合)

69の4－24の5　相続開始前3年以内に宅地等が新たに被相続人等が行う特定貸付事業の用に供された場合において、その供された時から相続開始の日までの間に当該被相続人等が行う貸付事業が特定貸付事業に該当しないこととなったときは、当該宅地等は、相続開始の日まで3年を超えて引き続き特定貸付事業を行っていた被相続人等の貸付事業の用に供されたものに該当せず、措置法第69条の4第3項第4号に規定する貸付事業用宅地等の対象となる宅地等から除かれることに留意する。（平30課資2－9追加）

(注)　被相続人等が行っていた特定貸付事業が69の4－24の3に掲げる場合に該当する場合には、当該特定貸付事業は、引き続き行われているものに該当することに留意する。

(特定貸付事業を行っていた「被相続人等の当該貸付事業の用に供された」の意義)

69の4－24の6　措置法第69条の4第3項第4号の特定貸付事業を行っていた「被相続人等の当該貸付事業の用に供された」とは、特定貸付事業を行っていた被相続人等が、宅地等をその自己が行っていた特定貸付事業の用に供した場合をいうのであって、次に掲げる場合はこれに該当しないことに留意する。（平30課資2－9追加、令元課資2－10改正）

(1)　被相続人が特定貸付事業を行っていた場合に、被相続人と生計を一にする親族が宅地等を自己の貸付事業の用に供したとき

(2)　被相続人と生計を一にする親族が特定貸付事業を行っていた場合に、被相続人又は当該親族以外の被相続人と生計を一にする親族が宅地等を自己の貸付事業の用に供したとき

(相続開始前3年を超えて引き続き貸付事業の用に供されていた宅地等の取扱い)

69の4－24の7　相続開始前3年を超えて引き続き被相続人等の貸付事業の用に供されていた宅地等については、措置法令第40条の2第19項に規定する特定貸付事業以外の貸付事業に係るものであっても、措置法第69条の4第3項第4号イ又はロに掲げる要件を満たす当該被相続人の親族が取得した場合には、同号に規定する貸付事業用宅地等に該当することに留意する。（平30課資2－9追加、令元課資2－10改正）

(注)　被相続人等の貸付事業の用に供されていた宅地等が69の4－24の3に掲げる場合に該当する場合には、当該宅地等は引き続き貸付事業の用に供されていた宅地等に該当することに留意する。

(平成30年改正法附則による貸付事業用宅地等に係る経過措置について)

69の4－24の8　平成30年改正法附則第118条第4項の規定により、平成30年4月1日から令和3年3月31日までの間に相続又は遺贈により取得をした宅地等については、平成30年4月1日以後に新たに貸付事業の用に供されたもの（相続開始の日まで3年を超えて引き続き特定貸付事業を行っていた被相続人等の当該特定貸付事業の用に供されたもの

を除く。）が、措置法第69条の４第３項第４号に規定する貸付事業用宅地等の対象となる宅地等から除かれることに留意する。（平30課資２－９追加、令元課資２－10改正）

（共同相続人等が特例対象宅地等の分割前に死亡している場合）

69の４－25　相続又は遺贈により取得した特例対象宅地等の全部又は一部が共同相続人又は包括受遺者（以下69の５－11までにおいて「共同相続人等」という。）によって分割される前に、当該相続（以下69の４－25において「第一次相続」という。）に係る共同相続人等のうちいずれかが死亡した場合において、第一次相続により取得した特例対象宅地等の全部又は一部が、当該死亡した者の共同相続人等及び第一次相続に係る当該死亡した者以外の共同相続人等によって分割され、その分割により当該死亡した者の取得した特例対象宅地等として確定させたものがあるときは、措置法第69条の４第１項の規定の適用に当たっては、その特例対象宅地等は分割により当該死亡した者が取得したものとして取り扱うことができる。（平16課資２－８、平17課資２－７、平18課資２－４、平20課資２－１、課審６－１、平21課資２－７、課審６－10、徴管５－13、令元課資２－10改正）

（注）　第一次相続に係る共同相続人等のうちいずれかが死亡した後、第一次相続により取得した財産の全部又は一部が家庭裁判所における調停又は審判（以下69の５－９までにおいて「審判等」という。）に基づいて分割されている場合において、当該審判等の中で、当該死亡した者の具体的相続分（民法第900条《法定相続分》から第904条の２《寄与分》まで（第902条の２《相続分の指定がある場合の債権者の権利の行使》を除く。）に規定する相続分をいう。以下69の５－９までにおいて同じ。）のみが金額又は割合によって示されているにすぎないときであっても、当該死亡した者の共同相続人等の全員の合意により、当該死亡した者の具体的相続分に対応する財産として特定させたもののうちに特例対象宅地等があるときは上記の取扱いができることに留意する。

（申告書の提出期限後に分割された特例対象宅地等について特例の適用を受ける場合）

69の４－26　相続税法第27条の規定による申告書の提出期限後に特例対象宅地等の全部又は一部が分割された場合には、当該分割された日において他に分割されていない特例対象宅地等又は措置法令第40条の２第３項に規定する特例対象株式等若しくは特例対象山林があるときであっても、当該分割された特例対象宅地等の全部又は一部について、措置法第69条の４第１項の規定の適用を受けるために同条第５項において準用する相続税法第32条の規定による更正の請求を行うことができるのは、当該分割された日の翌日から４月以内に限られており、当該期間経過後において当該分割された特例対象宅地等について同条の規定による更正の請求をすることはできないことに留意する。（平19課資２－７、課審６－５、平21課資２－７、課審６－10、徴管５－13改正）

（個人の事業用資産についての納税猶予及び免除の適用がある場合）

69の４－26の２　被相続人が次に掲げる者のいずれかに該当する場合には、措置法第69条の４第６項の規定により、当該被相続人から相続又は遺贈により取得をした全ての同条第３項第１号に規定する特定事業用宅地等について、同条第１項の規定の適用がないことに留意する。（令元課資２－10追加）

１　措置法第70条の６の８第１項の規定の適用を受けた同条第２項第２号に規定する特

例事業受贈者に係る同条第１項に規定する贈与者

2　措置法第70条の６の10第１項の規定の適用を受ける同条第２項第２号に規定する特例事業相続人等に係る同条第１項に規定する被相続人

(注)

1. 1　上記の「取得」には、措置法第70条の６の９第１項（同条第２項の規定により読み替えて適用する場合を含む。）の規定により相続又は遺贈により取得をしたものとみなされる場合における当該取得が含まれることに留意する。

2. 2　当該被相続人から相続又は遺贈により取得をした措置法第69条の４第３項第２号に規定する特定居住用宅地等、同項第３号に規定する特定同族会社事業用宅地等及び同項第４号に規定する貸付事業用宅地等については、同条第６項の規定の適用はないことに留意する。

（郵便局舎の敷地の用に供されている宅地等に係る相続税の課税の特例）

69の４−27　個人が相続又は遺贈により取得した財産のうちに、郵政民営化法（平成17年法律第97号）第180条第１項《相続税に係る課税の特例》に規定する特定宅地等（以下69の４−33までにおいて「特定宅地等」という。）がある場合において、当該特定宅地等は、同項の規定により措置法第69条の４第３項第１号に規定する特定事業用宅地等に該当する同条第１項に規定する特例対象宅地等とみなして、同条及び同法第69条の５の規定を適用することに留意する。（平20課資２−１、課審６−１、平21課資２−７、課審６−10、徴管５−13改正）

（郵便局舎の敷地の用に供されている宅地等について相続税に係る課税の特例の適用を受けている場合）

69の４−28　郵政民営化法第180条第１項の規定は、同法の施行日（平成19年10月１日）から平成24年改正法（郵政民営化法等の一部を改正する等の法律（平成24年法律第30号）をいう。以下69の４−32までにおいて同じ。）の施行日（平成24年10月１日）の前日（平成24年９月30日）までの間にあっては平成24年改正法第３条《郵便局株式会社法の一部改正》の規定による改正前の郵便局株式会社法（平成17年法律第100号）第２条第２項《定義》に規定する郵便局の用に供するため郵便局株式会社に、平成24年10月１日から相続の開始の直前までの間にあっては日本郵便株式会社法（平成17年法律第100号）第２条第４項《定義》に規定する郵便局の用に供するため日本郵便株式会社に対し貸し付けられていた建物（以下69の４−37までにおいて「郵便局舎」という。）の敷地の用に供されていた土地又は土地の上に存する権利（以下69の４−37までにおいて「土地等」という。）について、既に郵政民営化法第180条第１項の規定の適用を受けていない場合に限り適用があることに留意する。（平20課資２−１、課審６−１、平21課資２−７、課審６−10、徴管５−13、平25課資２−10改正）

（「相続人」の意義）

69の４−29　郵政民営化法第180条第１項に規定する「相続人」には、相続を放棄した者及び相続権を失った者を含まないことに留意する。

なお、「相続を放棄した者」及び「相続権を失った者」の意義については、相続税法基本通達３−１《「相続を放棄した者」の意義》及び３−２《「相続権を失った者」の意

義》をそれぞれ準用する。（平20課資２－１、課審６－１、平21課資２－７、課審６－10、微管５－13改正）

（特定宅地等の範囲）

69の４－30　郵政民営化法第180条第１項の規定は、郵便局舎の敷地の用に供されていた土地等を被相続人が平成19年10月１日前から相続の開始の直前まで引き続き有している場合に限り適用されることに留意する。（平20課資２－１、課審６－１、平21課資２－７、課審６－10、微管５－13、平22課資２－14、課審６－17、微管５－10、平25課資２－10改正）

（建物の所有者の範囲）

69の４－31　郵政民営化法第180条第１項の規定は、同項第１号に規定する賃貸借契約の当事者である被相続人又は被相続人の相続人が、郵便局舎を平成19年10月１日前から有していた場合に限り適用されることに留意する。（平20課資２－１、課審６－１、平21課資２－７、課審６－10、微管５－13、平22課資２－14、課審６－17、微管５－10、平25課資２－10改正）

（特定宅地等とならない部分の範囲）

69の４－32　特定宅地等となる土地等とは、当該土地等のうちに平成24年改正法第３条の規定による改正前の郵便局株式会社法第４条第１項《業務の範囲》に規定する業務（同条第２項に規定する業務を併せて行っている場合の当該業務を含む。以下同じ。）の用に供されていた部分以外の部分があるときは、当該業務の用に供されていた部分に限られることに留意する。（平20課資２－１、課審６－１、平21課資２－７、課審６－10、微管５－13、平22課資２－14、課審６－17、微管５－10、平25課資２－10改正）

（注）　郵便局株式会社に対し貸し付けられていた郵便局舎で、例えば、当該郵便局株式会社から郵政民営化法第176条の３《日本郵便株式会社及び郵便事業株式会社の合併》の規定により吸収合併消滅会社となった平成24年改正法第１条《郵政民営化法の一部改正》の規定による改正前の郵政民営化法第70条《設立》の規定により設立された郵便事業株式会社に転貸されていた部分は、平成24年改正法第３条の規定による改正前の郵便局株式会社法第４条第３項に規定する業務の用に供されていた部分であるため郵政民営化法第180条第１項の規定の適用はないことに留意する。

　ただし、当該部分が措置法第69条の４第１項第２号に規定する貸付事業用宅地等である小規模宅地等に該当するときは、同号の規定の適用があることに留意する。

（郵便局舎の敷地を被相続人から無償により借り受けている場合）

69の４－33　被相続人の相続の開始の直前において、当該被相続人と生計を一にしていた当該被相続人の相続人が、当該被相続人から無償により借り受けていた土地等を郵便局舎の敷地の用に供していた場合において、当該土地等が特定宅地等に該当しない場合であっても、当該被相続人と生計を一にしていた当該被相続人の相続人が、相続開始時から申告期限まで引き続き当該土地等を有し、かつ、相続開始前から申告期限まで引き続き当該土地等の上に存する郵便局舎を日本郵便株式会社（平成24年９月30日までの間にあっては郵便局株式会社）に対し相当の対価を得て継続的に貸し付けていた場合には、措置法第69条の４第１項第２号の規定の適用があることに留意する。（平20課資２－１、

課審６－１、平21課資２－７、課審６－10、徴管５－13、平22課資２－14、課審６－17、徴管５－10、平25課資２－10改正）

（賃貸借契約の変更に該当しない事項）

69の４－34　郵政民営化法第180条第１項第１号に規定する旧公社との間の賃貸借契約においてあらかじめ契約条項として盛り込まれた賃貸借料算出基準に基づく賃貸借料の改定又は賃貸借契約の目的物に変更がないと認められる面積に増減が生じない郵便局舎の修繕、耐震工事若しくは模様替えは、同号に規定する賃貸借契約の契約事項の変更に該当しないことに留意する。（平20課資２－１、課審６－１、平21課資２－７、課審６－10、徴管５－13改正）

（相続の開始以後の日本郵便株式会社への郵便局舎の貸付）

69の４－35　郵政民営化法第180条第１項の規定は、相続又は遺贈により郵便局舎の敷地の用に供されている土地等を取得した相続人が当該土地等の上に存する郵便局舎である建物の全部又は一部を有し、かつ、日本郵便株式会社（当該相続が平成24年９月30日までに開始した場合には、当該相続の開始の日から平成24年９月30日までの間にあっては郵便局株式会社、平成24年10月１日以後にあっては日本郵便株式会社）との賃貸借契約の当事者として当該郵便局舎を貸し付けている場合に限り適用があることに留意する。（平20課資２－１、課審６－１、平21課資２－７、課審６－10、徴管５－13、平25課資２－10改正）

（災害のため業務が休業された場合）

69の４－36　郵政民営化法第180条第１項第２号の要件の判定において、郵便局舎が災害により損害を受けたため、相続税の申告期限において郵便局の業務が休業中である場合には、同号に規定する相続人から日本郵便株式会社（当該相続税の申告期限が平成24年10月１日前の場合には、郵便局株式会社）が郵便局舎を借り受けており、かつ、郵便局の業務の再開のための準備が進められていると認められるとき（同号の証明がされたものに限る。）に限り、当該土地等を相続の開始の日以後５年以上当該郵便局舎の敷地の用に供する見込みであるものとして取り扱う。（平20課資２－１、課審６－１、平21課資２－７、課審６－10、徴管５－13、平25課資２－10改正）

（宅地等の一部の譲渡又は日本郵便株式会社との賃貸借契約の解除等があった場合）

69の４－37　郵政民営化法第180条第１項第２号に規定する「当該相続又は遺贈により当該宅地等の取得をした相続人から当該相続の開始の日以後５年以上当該郵便局舎を日本郵便株式会社（当該相続が平成24年改正法施行日前に開始した場合には、当該相続の開始の日から平成24年改正法施行日の前日までの間にあっては郵便局株式会社、平成24年改正法施行日以後にあっては日本郵便株式会社）が引き続き借り受けることにより、当該宅地等を当該相続の開始の日以後５年以上当該郵便局舎の敷地の用に供する見込みであること」とは、当該相続又は遺贈により取得した郵便局舎の敷地の用に供されていた土地等の全部について当該郵便局舎の敷地の用に供する見込みである場合をいうのであって、例えば、被相続人に係る相続の開始の日以後から同号に規定する証明がされるまでの間に、当該土地等の一部が譲渡され、又は日本郵便株式会社（当該相続が平成24年９

月30日までに開始した場合には、当該相続の開始の日から平成24年９月30日までの間にあっては郵便局株式会社、平成24年10月１日以後にあっては日本郵便株式会社）との賃貸借契約を解除された場合、若しくは、当該土地等の一部を譲渡し、又は当該日本郵便株式会社との賃貸借契約を解除する見込みである場合は同項の規定の適用はないことに留意する。（平20課資２−１、課審６−１、平21課資２−７、課審６−10、徴管５−13、平25課資２−10改正）

（平成21年改正前措置法第69条の４の取扱い）

69の４−38　平成21年改正法（所得税法等の一部を改正する法律（平成21年法律第13号）をいう。以下旧70の３の３・70の３の４−４までにおいて同じ。）附則第64条第11項《非上場株式等についての相続税の課税価格の計算の特例等に関する経過措置》の規定によりなお従前の例によるものとされる改正前の措置法（以下旧70の３の３・70の３の４−３までにおいて「平成21年改正前措置法」という。）第69条の４《小規模宅地等についての相続税の課税価格の計算の特例》、平成21年改正措令（租税特別措置法施行令等の一部を改正する政令（平成21年政令第108号）をいう。以下旧70の３の３・70の３の４−１までにおいて同じ。）による改正前の措置法令第40条の２《小規模宅地等についての相続税の課税価格の計算の特例》及び平成21年改正措規（租税特別措置法施行規則の一部を改正する省令（平成21年省令第19号）をいう。以下旧70の３の３・70の３の４−１までにおいて同じ。）による改正前の措置法規則第23条の２《小規模宅地等についての相続税の課税価格の計算の特例》の規定の適用を受ける場合の取扱いについては、平成21年６月17日付課資２−７ほか２課共同「租税特別措置法（相続税法の特例関係）の取扱いについて」の一部改正について（法令解釈通達）による改正前の「租税特別措置法（相続税法の特例関係）の取扱いについて」の取扱いの例による。（平21課資２−７、課審６−10、徴管５−13追加）

（平成21年改正前措置法第70条の３の３又は第70条の３の４の規定の適用を受けた特定同族株式等について措置法第70条の７の２第１項の規定の適用を受けた場合の小規模宅地等の特例の不適用）

69の４−39　被相続人から相続若しくは遺贈又は相続時精算課税に係る贈与により財産を取得したいずれかの者が、当該被相続人である平成21年改正法附則第64条第７項に規定する特定同族株式等贈与者（以下旧70の３の３・70の３の４−７までにおいて「特定同族株式等贈与者」という。）から平成20年12月31日以前に相続時精算課税に係る贈与により取得した同条第６項に規定する特定同族株式等（以下旧70の３の３・70の３の４−７までにおいて「特定同族株式等」という。）について平成21年改正前措置法第70条の３の３第１項《特定の贈与者から特定同族株式等の贈与を受けた場合の相続時精算課税の特例》又は平成21年改正前措置法第70条の３の４第１項《特定同族株式等の贈与を受けた場合の相続時精算課税に係る贈与税の特別控除の特例》の規定の適用を受けている場合には、平成21年改正法附則第64条第７項の規定の適用の有無にかかわらず、当該被相続人から相続若しくは遺贈又は相続時精算課税に係る贈与により財産を取得したすべての者について平成21年改正前措置法第69条の４第１項及び措置法第69条の４第１項の規定の適用がないことに留意する。（平21課資２−７、課審６−10、徴管５−13、平22課資２−14、課審６−17、徴管５−10追加）

（注）　上記の平成21年改正前措置法第70条の３の３第１項又は平成21年改正前措置法第70条の３の４第１項の規定の適用を受けた特定同族株式等に係る会社と異なる会社に係る平成21年改正前措置法第69条の４第１項及び措置法第69条の４第１項に規定する特例対象宅地等を当該被相続人から相続又は遺贈により取得した場合であっても上記と同様の取扱いとなることに留意する。

＜著者略歴＞

梶山　清児（かじやま　せいじ）

東京国税局資産課税課勤務
東京国税局資産課税課　審理係長
東京国税局資産課税課　課長補佐
東京地方裁判所　調査官
国税庁　監督評価官
麻布税務署　副署長
東京国税局　国税訟務官
東京国税局　機動課長
世田谷税務署長
東京国税局　資産課税課長
大阪国税不服審判所　部長審判官
千葉東税務署長

以上歴任後、現在、税理士法人みなと財務　社員税理士として現在に至る。

鈴木　喜雄（すずき　よしお）

川崎北税務署長

札幌国税不服審判所　部長審判官

東京国税局　課税第一部　資料調査第二課長

世田谷税務署長

東京国税局　課税第一部　資産評価官

国税庁　長官官房　監督評価官

札幌西税務署　副署長

東京国税局　課税第一部　課税総括課　課長補佐

東京国税局　課税第一部　資産課税課　課長補佐

以上歴任後、現在、税理士法人みなと財務　所属税理士として現在に至る。

本書の内容に関するご質問は、税務研究会ホームページのお問い合わせフォーム（https://www.zeiken.co.jp/contact/request/）よりお願い致します。なお、個別のご相談は受け付けておりません。

本書刊行後に追加・修正事項がある場合には、随時、当社のホームページ（https://www.zeiken.co.jp/）にてお知らせ致します。

専門家のための

「小規模宅地等の特例」の概要と実例回答セレクト

令和５年４月10日　初版第一刷印刷　（著者承認検印省略）
令和５年４月15日　初版第一刷発行

© 著　者　梶　山　清　児
　　　　　鈴　木　喜　雄

発行所　税務研究会出版局
週刊「税務通信」「経営財務」発行所

代表者　山　根　毅

〒100-0005
東京都千代田区丸の内1-8-2（鉄鋼ビルディング）
https://www.zeiken.co.jp

乱丁・落丁の場合は、お取替えいたします。　印刷・製本　株式会社　朝陽会

ISBN 978-4-7931-2756-4